本书系 2017 年度江苏省社会科学基金重点资助项目"基础教育改革与教师主体身份建构研究"（17JYA004）的系列成果。

谨以此书献给基础教育领域的锐意改革者！

变革学校

一位中学校长的口述史

钱铁锋　口述

齐学红　访谈整理

教育科学出版社
·北京·

目　录

引言　从校长生活史看学校变革 ·· 1

一、研究缘起：一个好校长就是一所好学校 ···················· 1

二、口述史研究方法的运用 ··· 3

三、体悟改革：学校变革的生活史视角 ························· 7

第一部分

校长生活史叙事

第一章　社会环境对个人成长的影响 ···································· 13

一、在社会巨变中成长 ··· 13

二、农村经历的启示：教育要讲效率 ························· 16

三、工厂经历的启示：教育是复杂劳动 ····················· 17

四、大学经历：发现自己适合做教育 ························· 23

第二章　叩问规律：教学与管理的创新实践 ···················· 24

一、教学实践与反思 ··· 24

二、敢为人先：素质教育的践行者 ····························· 28

三、上下求索：积淀办学实践经验 ····························· 33

第二部分

创办学校：特立独行的办学之路

第三章　朝花夕拾，南外仙林分校的前世今生 …………… 41
　　一、学校的创办背景 ………………………… 41
　　二、办学思路：不走寻常路 ………………… 43
　　三、广纳贤才：为有源头活水来 …………… 47
　　四、学校文化的诞生 ………………………… 49

第四章　披荆斩棘，办学路上举重若轻 …………… 53
　　一、资金、师资、家长：民办学校三要素 … 53
　　二、五项应对策略 …………………………… 54

第三部分

经营学校：遵循规律，守住教育底线

第五章　"顺其自然"，立石为记 ………………… 61
　　一、"顺其自然"即遵循规律 ……………… 61
　　二、"顺其自然"，贵在坚持 ……………… 65

第六章　四项教育基本原则 ……………………… 69
　　一、面向全体学生 …………………………… 69
　　二、发挥学生的主体作用 …………………… 73
　　三、追求有效率的教育 ……………………… 76
　　四、走开放教育之路 ………………………… 77

第七章　三项中心工作 …………………………… 86
　　一、理想教育，德育之纲 …………………… 86
　　二、教学改革，凸显特色 …………………… 90

三、班教小组，体制创新 ………………………………… 94

第八章　凸显办学特色，形成教育品质 ……………… 98

一、外语教学：学校的核心竞争力 ……………………… 98

二、心理教育：为了孩子的身心健康 …………………… 101

三、教育国际化：打破学校固有办学格局 ……………… 102

四、课程是学校的"大法" ……………………………… 105

五、教师队伍建设是根本 ………………………………… 109

第九章　民营学校的运作机制 ………………………… 114

一、股份制学校：办学体制的创新 ……………………… 115

二、办学优势：办学自主权的表现 ……………………… 117

三、教育惩戒权的行使 …………………………………… 119

四、招生与资金运作 ……………………………………… 121

五、敢为人先：引领南京教育 …………………………… 122

第四部分

现实忧思：民办学校路在何方？

第十章　理论根基：教育力与教育关系 ……………… 127

一、尊重规律：从经济看教育 …………………………… 127

二、把握教育脉搏：教育力与教育关系解读 …………… 128

三、以教育力为纲：教育的回归之路 …………………… 132

第十一章　内忧外患：民办学校的生存境遇 ………… 135

一、当教育改革遭遇社会关系 …………………………… 135

二、现实困境：民办学校的弱势地位 …………………… 136

三、内部忧虑：如何破解改革难题 ……………………… 138

四、改革就是跟传统作战 ………………………………… 146

第十二章　改革启示录：南外仙林分校的代表性 ················ 149

    一、教育目标：不只是把学生送进大学 ·············· 149

    二、实践智慧：办学思想的由来 ················ 150

    三、意义追寻：寻求教育"回家"的路 ·············· 151

    四、由外而内：教育改革的第三条路径 ·············· 152

    五、外部动力：国际化对基础教育的冲击 ············ 153

    六、思想先行：智库的重要性 ················· 154

    七、教育信念：即使头破血流，仍不回头 ············ 155

附录一　他者眼中的钱校长 ···················· 157

附录二　南京外国语学校仙林分校中学生综合素质
　　　　多元评价方案（试行） ················ 169

附录三　南京外国语学校仙林分校小学部学生惩戒条例 ········· 176

附录四　南京外国语学校仙林分校中学部理想教育纲要
　　　　（试行） ······················ 183

后记 ···························· 189

从校长生活史看学校变革

一、研究缘起：一个好校长就是一所好学校

"一个好校长就是一所好学校"，这句流传很广并且得到人们高度认可的话，揭示了校长与学校发展之间的内在关联。《中华人民共和国义务教育法》（以下简称《义务教育法》）规定，学校实行校长负责制。所谓校长负责制，是指校长是学校的法人代表，对内全面主持学校的各项工作，对外全权代表学校，拥有学校工作的决策权、指挥权、人事权和财务权。党支部作为政治核心在学校发挥着保障监督作用，教职工通过党支部领导下的教职工代表大会（以下简称"教代会"）参与学校民主管理与监督。校长在学校发展中享有的特殊而又重要的地位，决定了校长的办学思想、教育理念、领导风格与人格魅力等特质将直接决定着学校的发展方向。这一系列个人特质是如何形成的，又是如何在学校发展中发挥作用的，都可以从校长的生活史中找到依据。

钱铁锋校长进入笔者的研究视野，始于2008年南京外国语学校仙林分校（简称"南外仙林分校"）举办的班级管理体制改革现场会，笔者作为南京师范大学班主任研究中心负责人受邀参加此次活动，并做专家点评。这次由南京市教育局举办、南京市中小学校长参加的几百人的现场会，在当时的

基础教育界产生了不小的震荡，笔者由此见证了钱校长在此项改革中的胆识和勇气。对于此项用钱校长自己的话来说"叫好不叫座"，而在全国处于领先地位的改革，从教育主管部门到一线校长，大家大多持徘徊观望态度，但是钱校长一贯的作风是看准了就持之以恒地做下去。对于此项改革，笔者给予了高度评价与认可，把它比作撬动基础教育改革的"阿基米德杠杆"。它从班级这一学校教育教学的基本单位入手，变计划经济体制下的班主任个人负责制为重视市场经济发展的班级教育小组集体负责制，从学校教育关系的重组引发学校管理体制的全面改革，让"人人都是教育工作者"从理想变为现实。之后，南外仙林分校的班级管理体制改革被列为南京市重点课题，笔者应钱校长之邀，参加了此项改革的课题立项会，并带领研究生先后两次入校开展了为期两周的调查活动。对于一项正在实践中的教育改革，大多数校长的思路通常是，只呈现成绩，回避困难与问题，而钱校长则希望借助专家或他者的眼光，帮助学校发现问题。这样的胸怀和胆识是基于对学校教育认真负责的态度，以及对此项改革怀有的高度自信。此项改革前期经过了充分论证并以课题的形式加以推进，是在学校进行了思想动员并达成一定共识基础上的整体规划与设计，而非校长个人的一时冲动。对于此项改革的发生机制及社会学内涵已在《在生活化的旗帜下——学校道德教育改革的社会学研究》①一书中有专章论述，这里不做赘述。

本书从校长生活史入手，全面分析与呈现学校的整体改革史，关注校长生活史与学校变革之间的内在关系。国内已有的口述史研究大多是对教育家的教育思想或教学流派的梳理②，从生活史角度研究学校改革的专著尚不多见。而从研究个案的独特价值来看，南外仙林分校作为一所处于基础教育改革前沿的民办学校，已经走出了一条属于自己的发展道路，在民办学校的发展史上具有一定的典型性和代表性，对于反思我国当前基础教育改革无疑具有理论意义和现实意义。

---

① 齐学红.在生活化的旗帜下：学校道德教育改革的社会学研究 [M].桂林：广西师范大学出版社，2011：88-135.

② 如北京师范大学出版社出版的《黄济口述史》《王炳照口述史》《顾明远教育口述史》《潘懋元教育口述史》等。

二、口述史研究方法的运用

（一）口述史研究方法

关于生活史的定义，台湾学者丁兴祥认为：生活史也称生命史，生活史主要是指个体生活的经验历程，而生活历程被概念化为一连串个人、行为、情境的互动顺序。也就是一个人在生活的过程中连续的事件与经验，以及这些事件相互影响的一连串个人状态与情境遭遇。20世纪中期以来，生活史开始应用于教育学特别是教师教育领域，通过访谈、传记等各种形式研究教师个体的生活经历对教师成长的意义。这种方法从生活、事实出发，把真实的生活淋漓尽致地展现出来。正如社会学家加里·贝克尔（Gary Becker）所认为的，生活史方法更加贴近人们脚下的大地，它并不在意那些附庸风雅的趣味，却着力于真实地再现被研究者的经验，并解释他所生活的世界。①

所谓口述史研究方法，按照目前国内学界普遍的解释，是以收集和使用口头史料来研究历史的一种方法。它是由访谈者以笔录、录音等方式收集、整理口传记忆以及具有历史意义的观点的一种研究历史的方式。

将口述史和生活史相结合，第一步就是要去理解口述者的人生，从人生里看故事，从故事里看事件，再从事件里看历史。口述史与生活史的结合，在一定程度上就是将个体的生命历程放大为一个历史的整体，以此作为纵向的线索；同时将历史事件作为横向的线索，分析出不同的个人命运是如何交织在一起的。正是在这纵横之间，事件和人生、社会和个人都被联系在一起。②在此基础上，一种具有整体观的口述史研究才有可能实现。

口述史呈现了历史叙述的另一种时间类型，这种时间类型可以借用本雅明的"历史的闪现"这一概念来表达。正如本雅明所指出的，过去的真实图景就像是过眼烟云，它唯有作为在能被人认识到的瞬间闪现出来而又一去不复返的意象时，才能被捕获。并且，历史地表达过去并不意味着以它实际所

---

① 转引自：路书红. 生活史研究对中外教育家研究的价值 [J]. 教育发展研究，2011（24）：65.
② 张原. 口述历史：社会生活的历史闪现 [J]. 西南民族大学学报（人文社科版），2008（5）：51.

是的方式认识它，而是意味着当某个记忆在某个叙述的关键时刻闪现心头时抓住它。通过历史的一闪，我们能跟随口述者进入一种历史叙述的高潮，在时空的相互交错与混融中，那些隐藏于历史背后的个人思想与情感都被唤起和呈现，那些潜藏的记忆、心态与经验有可能被调查者所捕捉到。这正是口述史的精彩之处，它能让我们从经验层面来把握人们在面对社会变迁时世界观与心态的深刻变化。作为一种社会事件，改革必然会给人们带来一种新的观念图式，这一观念图式的转换会以一种时空感的扩展与收缩方式，体现于亲历者的叙述中。口述史研究以其"自下而上的研究视角、特有的个人性、使社会记忆成为可能"等研究特质进入笔者的研究视野，成为本书的主要研究方法。

钱校长的生活史主要指钱校长到南外仙林分校之前的人生经历，包括他的求学经历和工作经历。研究者以钱校长人生经历当中的关键事件为线索，概括出钱校长作为教育家所具有的品质以及教育思想形成的关键所在。

（二）研究过程

1.研究对象的选择

对于口述史研究而言，研究对象的选择是最为关键的第一步。"校长生活史与学校变革史"之间的高度契合性，决定了钱校长成为此项研究的最佳人选。

首先进入我们研究视野的是一所不断变革的学校——南外仙林分校，作为一所民办学校，它以其灵活的办学机制、鲜明的外语特色和高端的办学品质在南京市享有美誉，成为公众心目中的名校以及许多家长和学生向往的地方。而这所学校的创立与发展又是与钱铁锋校长密不可分的。南外仙林分校是特定历史时期的产物。21世纪初，南京市政府针对南京市优质教育资源不足的状况，尝试进行办学体制的改革，先后成立了三所民办学校，分别是南师附中江宁分校、金陵中学河西分校和南外仙林分校。与其他两所学校相比，南外仙林分校是主动寻求变革的学校。钱铁锋校长曾任南京外国语学校（简称"南外"）副校长，任职期间多次进行教育改革，都取得了一定成绩。因为公办学校办学体制管得过死，钱校长决定离开南外，到体制外的学校进行教育改革。在南外仙林分校成立之际，南外领导特邀他回来负责此事。经过再三考虑，钱校长决定回来创办这样一所学校。南外仙林分校自建校之初，就充分利用股份制学校（非公办，也非私立）的办学优势，虽在夹缝中生存，却具有高度的办学自主权。在短短的十年时间里，南外仙林分校不断发展壮大，取得了令人瞩目的成绩，甚至形成了"南外仙林模式"。

在对学校深入了解以及与钱校长长期合作建立起的相互信任关系的基础上，当笔者把研究校长口述史与学校变革史这一设想告知钱校长时，立刻得到了钱校长的积极肯定，我们很快商定了访谈提纲、访谈技术和时间安排表。自2013年6月开始，笔者带领自己2013级四位硕士研究生陆文静、李静、李蒙、王桂芝，开始了为期一个月的集中访谈。其中，所有录音资料均由四位研究生负责整理，陆文静同学负责了研究提纲的拟定，以及全书的统稿工作。钱校长在正常的学校工作之余，每周安排一个半天，接受三个小时的访谈，每次访谈均进行了录音。访谈安排在南外仙林分校行政楼三楼会议室，钱校长嘱咐，没有特殊情况其他行政人员不得打扰，从而保证了每次访谈活动的顺利进行。访谈是在轻松愉快的氛围中进行的，因研究生早上赶往学校没有时间吃早饭，钱校长还嘱咐学校食堂工作人员精心准备了可口的茶点，可见这位统领学校全局、平时管理工作大胆放手的校长也有他过人的精细之处。

此项研究是在前期充分准备、与钱校长多次沟通的基础上，历时半年多时间完成的。主要围绕"变革学校"这一主题，按照校长生活史和学校变革史两条相互交织、相互印证的线索，对教育力与教育关系理论观点的提出，以及民办学校的运作、学校几项重大改革等几个专题进行了深入探讨。研究共分为三个阶段：

第一阶段：集中访谈阶段（2013年6月）；

第二阶段：访谈记录整理阶段（2013年7—2013年9月）；

第三阶段：访谈资料的补充完善与集中呈现阶段（2013年9—2013年12月）。

2. 资料收集与整理

本项研究以对钱校长的访谈作为主要的资料来源，同时借鉴了学校大量的文本资料，如学校改革进程在学校课程设置以及评价体系中的体现等。具体包括学校的课程设置方案、学生多元评价体系实施细则、学校招生信息、毕业生的升学情况等文本资料。学校的文本建设工作在国内中小学校中堪称一流，学校拥有年鉴（2002—2012年）七本，校刊两种：《实践与研究》和《在水一方》。其中，《实践与研究》杂志为教师刊印，每月一期，集中刊载学校重要改革内容，如《三项中心工作专辑》《教育力与教育关系的研究报告集》《十周年校庆专辑》以及教师的教育教学研究成果；《在水一方》为学生作品集，不定期出版。逢有来宾到校参观，学校总有资料馈赠。资料建设很好地发挥了文化引领和思想传播的作用。

集中访谈完成之后，我们又安排了对学校的实地观察、重大活动观摩，以及对相关人员的访谈，以期从不同角度形成对学校发展的整体印象。

此项口述史研究是笔者和自己的四位研究生与钱铁锋校长共同完成的。它建立在研究者与访谈对象之间充分信任、坦诚相见，共同拥有一份对教育事业的热爱和社会责任感的基础之上，这也是此项研究得以顺利进行的认识基础和情感基础。在访谈开始之前，经过多次讨论，我们形成了较为详细的访谈提纲，包括研究主题、内容框架、时间安排、研究手段，如使用录音笔等，均与钱校长进行了充分交流与详细说明，征得了钱校长的同意。访谈时间是双方协商确定的。大家认为集中式访谈能够保证研究语境的相对完整性和连贯性。每一次访谈都是在给定的访谈提纲基础上，钱校长根据访谈主题有条不紊地展开访谈内容的叙述。访谈提纲不是一成不变的，而是在访谈过程中不断修改的。访谈资料是用录音笔录下来，后期进行了集中整理。

四位研究生承担了访谈录音资料的整理工作。他们分工合作，按照不同专题分别进行整理，并提炼出每一部分的目录框架。在提炼分析框架的过程中，尽可能使用钱校长的原话，以保证研究的客观性和真实性。文字整理稿尽可能保持了最初的谈话形式，以及整个访谈内容语意的连贯性，整合后的初稿交给钱校长审阅。其中出现的校名、人名没有使用匿名或进行技术处理，涉及的一些敏感人物或事件在尊重当事人的前提下做了加工处理。

在成文过程中，钱校长对书稿进行了极为细致的审校工作，用红笔对打印稿进行了逐字逐句的修改，修改多达上百处，包括其中涉及的敏感问题、不恰当的用词或语句。在此基础上，笔者进行了最后的修改完善，在忠实于原文的基础上，力求在内容和框架结构上体现一定的学理性和条理性。

三、体悟改革：学校变革的生活史视角

每个人的思想来源于自身的生活和实践，个体生活历程中的关键人物、关键事件更是直接促动了教育家思想的建设。他们的生命活动与自己的教育思想、观念或理论是有机统一的。缺乏对其生活史的研究，也就无从再现其生动的生活和深邃思想之间的动态关联。因此，将教育思想置于教育家的生活史视野中，将其教育思想和生活史联系起来，不仅可以增添思想的可读性，使人领悟、感受思想的魅力，而且可以使人感受生活与思想的联系，从而反思并改变教育研究者本身应有的生活方式和研究方式。①

校长生活史研究为我们呈现了钱铁锋校长丰富的人生阅历，他在人生每个阶段所经历的事情对他性格和人格的影响。例如，在求学期间经历的几种不同类型的学校，在几所不同类型学校做校长的工作经历等。每一种经历都是一种人生积淀，这为他在南外仙林分校开展的一系列改革打下了坚实的基础。由此可见，学校变革与钱校长的人生经历是分不开的。从对校长生活史与学校变革史的考察中，我们获得了如下研究发现。

（一）工厂、农村的生活经历使钱校长得以从学校外部审视教育的规定性

钱校长生于1947年10月30日，时值民国时期，经历了新中国成立之后的社会改革时期、"文化大革命"（简称"文革"）时期以及改革开放时期，是中国社会历史变迁的见证者，有着那个年代的人特有的工厂、农村生活经历，同时拥有在不同学校任职的工作经历和管理实践经验。这一切都成了他作为校长的丰富的人生阅历。童年时代的记忆是快乐而美好的，小学阶段正值"文革"时期，虽停课无学可上但仍不忘记读书。当时接触了很多哲学书籍，为自己的一生打下了坚实的理论基础；阅读了大量中外文学名著，

---

① 路书红.生活史研究对中外教育家研究的价值[J].教育发展研究，2011（24）：67.

如《安娜·卡列尼娜》《红与黑》《悲惨世界》《牛虻》等，提升了自己的文学修养。同时，他大胆求索，不唯教条，不惧权威，形成了独立判断和独立思考的习惯。在农村和工厂的人生经历，更是激发了他的斗志、胆识和魄力，使他对教育有了独特的体认。农村工作中通过改革分配方式带来的效率提高，使他尝到了改革的甜头；工厂经历对于个人素养提升，兴趣爱好（如打桥牌、下围棋等)以及思维品质形成的影响，使他敢于变革、勇于创新。1977年恢复高考后，1978年他实现了自己的大学梦。在南外工作的十七年间，他从当初的政治老师到班主任、教导主任，到最后的常务副校长，在每段工作经历中都不断尝试变革。在农村、工厂、学校三个不同场域的二十年工作经历，使他得以从教育的内外部系统中获得对于教育独特性的理解与思考，进而得出"教育是农业不是工业；教育是复杂劳动，不是简单劳动"等关于教育的判断和认知。

（二）阅历资本为教育改革注入原动力

人生阅历无疑是一名校长不可或缺的资本，进而为其所实施的改革注入源源不断的生命元素。对于钱校长而言，教育改革成为他生命历程的一部分，并非外部环境的逼迫而被动为之。这正是他在南外仙林分校坚持十年改革，坚定不移地走出一条属于自己的办学之路的动力所在。对于改革他有着自己的理解与体会，"穷则变，变则通，通则久"，这句古话彰显了亘古不变的真理：唯有变革，事物才具有持久的生命力。鉴于无法在现行体制内进行变革，他辞去了南外副校长职务，放弃了公办学校优越的地位，在已届知天命的年龄，义无反顾地创办民办学校，在体制外求发展。这样的胆识源于他心中的教育梦想和教育情怀。南外仙林分校的创办与发展，其在教育领域的诸多变革，以及后来南外仙林分校办学模式的形成，与钱校长其人是密不可分的。南外仙林分校的十年变革史，得益于钱校长丰富的人生经历及其在实践中积累的教育智慧。一所学校的发展跟校长的教育理念是分不开的。而校长教育理念的形成，则与他的生活经历息息相关。

（三）理论先行：思想在改革中的引领作用

一项改革能否走得远，是否能够经受住时间的考验，关键就看这项改革的指导思想是否正确。在学校改革过程中，理论具有举足轻重的作用，而这个理论既是基于学校校情的"地方知识"，同时又是符合教育一般规律的"普遍知识"，是地方性和普遍性的统一体。贯穿南外仙林分校十年改革史的一条思想线索，就是钱校长提出的"教育力与教育关系"的理论命题。这对概念是钱校长率先提出的，也是经过充分论证和深入思考的，经历了"大胆假设，小心求证"的过程。

根据钱校长的理解，马克思的生产力与生产关系理论，对于揭示经济发展规律是极具说服力的。而"教育力与教育关系"这对概念则可以揭示教育发展规律。为此，他经过几年深入思考才正式提出来的教育力与教育关系理论，成为南外仙林分校教育改革的重要指导思想。在他看来，所谓教育改革不外乎在"教育力与教育关系"两个范畴内做文章。而目前基础教育改革中多数学校重点在提升学校教育力上下功夫，如引领人才、加大人财物的投入等，但仅仅靠提升教育力，作用是有限的，真正意义上的改革则必须在教育关系上，在教育体制和教育要素重组上下功夫。基于此，才有了南外仙林分校的班级管理体制改革、课堂教学改革、理想教育等系列改革。而教育关系绝不仅仅局限于学校内部，尤其是对于民办学校而言，如何在体制外求生存、求发展，教育关系的因素更是不可或缺，如学校与教育主管部门的关系、与家长的关系、与董事会的关系、与地方社会的关系等。学校与社会外部环境之间的关系可谓千丝万缕、盘根错节，仅仅局限于对教育内部规律的遵循，无疑会显得"书生气十足"。在体制内外、社会与学校之间密密织成的有形的、无形的网络间行走，这就需要改革者有非同寻常的意志力、实践智慧和胆识魄力。今天我们所处的时代是一个需要改革并且呼唤改革家的时代，南外仙林分校的改革经验无疑为我们提供了一个改革家的范本。

第一部分

校长生活史叙事

- 我要求全校教师五点钟全部下班，星期六、星期天不许上班，寒暑假不许上课，要讲效率，不要大家都耗在那儿。教育要讲效率，这是我从农村得到的启发。

- 我觉得儿童最重要的就是对世界的好奇，就是对生活的兴趣。

- 现在很多学校有很多口号，我有一个原则，学校不许挂横幅、竖幅、标语。

- "虎妈""狼爸"的做法就是过度使用了"阴性刺激"。……教育就是要综合使用两类刺激，以"阳性刺激"为主，"阴性刺激"也要有。

第一章 社会环境对个人成长的影响

一、在社会巨变中成长

我是土生土长的南京人，1947年10月30日出生，实际上是出生在民国时期，可以说是一个跨时代的人了。我父亲出生在南京，祖父出生在苏北。我在南京上过三所小学，第一所是邓府巷小学，然后是富民坊小学，五年级是在清凉山小学。我上的学校多，到的单位多，到了南外和南外仙林分校就基本没动了。

在清凉山小学时是很有意思的，我们经常到山上去"打游击"，就是小孩子们跑啊、捉迷藏啊。经历了1958年的"除四害"和大炼钢铁运动。高中时参加社会实践，到农村，到工厂，先后去过食品厂、肉联厂。在食品厂跟工人一起坐车把食品从仓库里运出来，全是吃的东西，那个时候人们多穷啊，但是没有一个人吃车上的食品，当时人们的精神境界和现在是完全不同的。当时是在1963年、1964年生活困难时期，那个时候我们国家还是很穷的。

"文革"的时候搞"大串联"，那时候坐火车全部是扒上去的，火车上满满的人。记得1966年"大串联"，在火车上，我是一条腿一直从南京站到北京的，另一条腿根本就落不下来。卫生间里都挤满了人，地上躺着的、架子上挤着的全是人，都记不清大家当时是怎么"方便"的了。"大串联"的时候，借钱、借粮票签一个名就行了，那时候的学生也好，红卫兵也好，都叫作"革命小将"，到接待站去你只要写一个名字，说明你是哪一个城市、哪一个学校的就行了，那时候没有人说假话的。其实他们也不会去找你要的，可以一分钱不用花在全国到处跑。现在大家很难想象当时的情况。

我们国家在20世纪50年代以及60年代前期，"文革"之前，整个社会风气很好，完全可以和文明程度最高的国家相媲美，人们的觉悟相当高。那时候不是有首歌叫"我在马路边捡到一分钱"嘛，这是社会道德的一种表现，捡到钱一定是会交公的，不会有人把东西拿回家，真的可以做到"路不拾遗，夜不闭户"，即便有偷窃行为也是极个别的。人们都非常有礼貌，互相谦让，正如有句口号讲的"我为人人，人人为我"。经历过那样的时代，我现在感觉非常遗憾，现在的物质产品是极大地丰富了，但是精神方面实在是太失落了。

那时候人与人之间不会攀比，讲得理性一点，就是那时候很重视人的社会属性，不怎么考虑人的自然属性。现在呢，是过度地强调人的自然属性，比如物质追求和享受，对人的社会属性考虑得太少。在那时是大公无私，根本不考虑个人得失的，而不是先公后私、公私结合。

学习雷锋之所以在全国有那么大的规模，是有整个社会环境作为背景的。那时所有的人都在学雷锋做好事，而现在的人只是在3月5号那一天学。那时候我上高中，主要在1963年、1964年，我们每个班都有学雷锋小组，都要出去做好人好事。现在我们学校延续了这一传统，从2008年奥运会我们国家有了志愿者队伍开始，我们学校就有了志愿者队伍，一届接一届，我觉得这个是非常好的。由于我们的学生出国比较多，所以做义工是非常普遍的，如果是勤工俭学的话是要拿一些钱的，不拿钱的就是做义工。我们学校目前做社会义工的学生已经有1000多人了，差不多占了学生总数的四分之一。从小学生一直到高中生，他们一分钱都不拿，就在外面做义工。所以，我们学校被授予了南京市学校系统的第一个"先进慈善义工团体"称号。

20世纪50年代、60年代的学校，办学思想是为了社会主义建设，是"为社会主义建设贡献自己的聪明才智"。正如王蒙写的《青春万岁》，我觉得当年就是那样的，而在现在的人看来那有多傻啊，人们怎么是那个样子，那么天真呢！我想讲的是，在1949年之前，蒋介石的统治还是比较黑暗的。推翻了蒋介石之后，共产党得到了老百姓的支持，像淮海战役，上百万人推小车来支援解放军，这是历史的选择，这是要肯定的。新中国成立后，人民当家做主了。在"文革"之前，工人和农民的地位是比较高的，尤其是工人的地位比较高，工人里面产生了很多的领导人。那个时候人们收入没有太大差距，大家还是比较平等的。

我们国家的教育在20世纪60年代以前，基本上不谈升学率，而是强调德、智、体全面发展，教育与生产劳动相结合。这是非常好的。

民国的时候，中国的教育深受杜威影响。像蔡元培、张伯苓、陶行知，他们受杜威的影响很深。陶行知本人就是杜威的学生，他提倡生活教育，现在很多人是理解不了的，生活怎么是教育呢？教育不就是去教室上课和考试吗？其实不然，社会就是一个很大的课堂，学校只是其中的一种形式，它还应该有多种形式。陶行知提出学生要种地，要认得庄稼，等等。现在虽然一直倡导学陶行知，但其实只是一句空话。如果真的要"学陶"，就得端正办学思想，不能搞应试教育，学生一天到晚就在教室里上课、做作业、考试，怎么学得了？真的要"学陶"，就要到户外去，走到社会上去，要跟农民接触，跟工人接触，要了解这个社会，我认为这样的方式才是符合人的认知特点的。但是现在整个社会对此还没有认知，我觉得不可思议。如果要搞社会实践，大家会认为还不如多上一点课。像我们在南外还搞一些社会实践，但大多数学校是不搞的。高三要有社会实践，但是不是作为一种教育思想、一种教育措施，而是觉得高考的时候要有这部分材料啊，这就功利化了。

我的初中和高中都是在金陵中学上的，当时叫南京十中，我在那里待了八年。金陵中学学制是五年一贯制，"文革"之前恢复成六年制。这样一改，学生的境遇就大相径庭了。65届的上大学了，我们66届就遇上"文革"了，之后就下乡了，这就完全不同了。"文革"期间，大学也上不了了，学校教育基本停止。有些不想读书的学生十分高兴，因为可以不用读书了。我又在学校待了两年，这两年大学、中学、小学都停课了，全社会都在搞革命。在那两年里，绝大部分人是不读书的，我还读了一些。我把图书馆的书"偷"出来读，其实不算偷了，当时图书馆都没有人了，随便拿。

后来形势越来越严峻了，像"破四旧"，把人家里砸得一塌糊涂，收走字画，甚至把人家的金条也拿走。严峻到什么程度呢？有的学生说"欢迎到我家'破四旧'"，这些你们很难想象。我记得我也参与过一次"抄家"，我有一个同学说："今天到我家去抄！"我们到他家里也没翻出什么东西。像这样的情况是很普遍的。

在那个时候，教育活动停止了，正如毛泽东所说，到农村去，农村是一个广阔天地，在那里是可以大有作为的……所以我们这些中学生基本上都下乡了，每个学校只留很少的人，因为以后要复课闹革命，实际上到1969年才真正复课。初一、初二小部分人留校，我们年龄大些的去插队，300多人分在20个大队，一个大队十几个人。那里是真穷啊，干一天活只得3毛钱。

二、农村经历的启示：教育要讲效率

"文革"之后，在农村待了两年，我待的时间不长，我是第一批下去，第一批上来的。我们下去的时候，长江大桥还没建好呢。我们是坐轮渡过去的。1968年10月，我们作为南京市第一批志愿兵，全部是自觉自愿下去的，没有人强迫我们。因为毛主席已经发出号召了，我们要响应毛主席的号召。在农村的第一年，我和四个同学在一个生产队；第二年我又到了另外一个生产队，说起来是做会计，其实是做生产队长，做"一把手"。我是自告奋勇去干这个活的。他们对我很信任，我就成了我们公社第一个知青干部。我们那个公社叫管镇公社，现在划给盱眙了，就是朱元璋父亲陵墓所在的地方。我去当会计，实际上我是头儿，是队长。干农活我肯定不行，我才下去一年，但是我会用人，知识分子的优点体现出来了。

我们那个生产队大概有几十户人家，一两百个人吧。他们的家庭不是像我们现在的以三口居多，那儿五口、六口多的是。那时候吃大锅饭，记工分，男的都是8分，女的都是6分。我那时候就想，大家干干歇歇，很慢，没有效率，能不能变一下？于是，我就出了"新政"：我们把任务分配好，割稻子也好，插秧也好，干完就回家。大家干劲高啊，用原来三分之一的时间就干完了，干完了就可以先回家，第二天的活就等当天下午再来干，整体上提高了效率。那个时候就是想着有所改变，现在来说就是需要改革，不改革是不行的。我那时的做法实际上也不是严格意义上的"包产到户"，因为没有搞得那么彻底。后来我又改了一下，就是同样的活谁干得比较快，或者说同样的时间谁干得多，谁多计半分工（我不敢多计）。那个时候必须平均，要不然是犯错误的。

后来我发现男女有区别。即使现在，男女对很多事情的观察也是有区别的。我们那时候叫社员，女的就是女社员，很认真，虽然只差半分工，但她们就拼命干，争取多计半分工。半分就能调动她们的积极性，而男的根本就不理。我发现，改革有的时候需要因人而异。

后来我在南外仙林分校的工作方式与我的这段经历有关系。我要求全校教师五点钟全部下班，星期六、星期天不许上班，寒暑假不许上课，要讲效率，不要大家都耗在那儿。教育要讲效率，这是我从农村得到的启发。如果你讲效率，用的时间、投入的人力都可以有所节约。同样的活儿，就这么多人，你采取的方式不一样，效率也不一样。我觉得这不是拼时间，用我的话讲就是教育关系很重要。分配方式、评价方式都是教育关系，跟个人的能力水平没有多大关系。

当工人、农民的经历对教育的影响是潜移默化的，包括平等的思想，觉得教育就应该是平等的，不能把学生分成三六九等，给学生下整体结论是不公平的。因为每个学生有长处有短处，发展有先有后，有的小孩早慧，有的晚成。有的可能擅长逻辑思维，有的可能形象思维比较好，像女孩普遍语言表达能力比较好。有的可能艺术方面比较好，有的可能成绩不好，艺术方面也不突出，但是他（她）人缘很好，他（她）能跟大家打成一片，他（她）很仗义，有领袖气质。我们现在评价学生的时候基本上是以学习成绩为主，说起来"三好"，其实是"一好"代"三好"。学生若成绩非常优秀，其他两个方面差一点也会被评为"三好"。若成绩比较差，即使其他两个方面都非常好，一般也只能被单项表扬，不太可能被评为"三好"。这是我们评"三好"的情况，这跟20世纪五六十年代评"三好"已经有很大不同了。五六十年代评"三好"真的是三个方面都好，因为学校提供这样的机会、舞台，学生真的会关心别人，帮助别人，到社会上去做好事，锻炼身体，很主动。但是现在不是这样的，这跟整个应试教育是密切相关的。现在应试教育对人的评价，实际上是以考试分数来评价的。

三、工厂经历的启示：教育是复杂劳动

我在农村插队期间出了一点"新政"，运气也好，那一年风调雨顺，我

们队的粮食产量，一下子就从七万多斤增加到十万八千斤。人有时候是有运气的，但要是不认真也是不行的，你如果不去准备，不去吃苦，有机遇也难办成事。其实我没想到要调到工厂，完全没想到。

因为产量大幅增加，我被选为"学习毛主席著作先进分子"，然后到淮阴参加上山下乡学习毛主席著作积极分子代表大会。在开会回来的路上，就有人跟我讲，我上调了。我想我怎么会上调呢？公社一共有20个人调到工厂，我们那个公社大概有20个大队吧，一个大队只有一个名额，我就是其中一个。回去以后很快就办手续了，所以在农村待的时间不长。第一批调上来先到了沭阳柴油机厂，待了三年多，又到了清江拖拉机厂，后来又调回南京，江苏省第二汽车运输处汽车修理厂，现在叫金陵客车厂。

那个时候是强调工人阶级领导一切的，工人地位很高，穿着工作服就像现在穿着名牌学校的校服一样，是一种身份的象征，很光荣的。那个时候工人的经济地位也很高。到工厂学徒三年，第一年每月13块钱，那也比在农村好多了，然后是15块钱、18块钱。三年以后转正，一级工每月31块钱，到第二年定级，二级工每月36块钱。我从第五年开始拿二级工工资，拿了四年，然后就考大学了。

我在工厂一共待了八年，工厂跟农村比，就是比较安静，可能整个环境比农村要好，文化资源比农村也要丰富一些，所以能有更多的时间看书，包括教育学方面的书，当然更多的是一些人物传记，还有些当时不容易看到的名著，尤其是法国的巴尔扎克批判现实主义的代表作，雨果浪漫主义的代表作，还有俄罗斯的托尔斯泰的代表作，我都看过了。

另外，在工厂学会了打桥牌、下围棋。我觉得桥牌比较科学。它是两副牌，不像其他的就一副牌，牌大肯定要占优势，桥牌是机会完全均等的，它的科学性就体现在这里。桥牌比赛是两桌，平时打就是四个人打积分的。我在清江拖拉机厂的时候业余时间下围棋、打桥牌，还代表清江拖拉机厂参加比赛。围棋呢，我觉得还是很有意思的，这是中国文化，跟国际象棋不同，它实际上是充满辩证法的。围棋没有大小之分，你围一个地方，看起来围的比较大，但实际上那边你丢掉了。下围棋的时候你要兼顾边，兼顾角，需要审时度势，经常是有得有失的。我非常喜欢下围棋，只要有时间，我可以几个小时不做其他事情，比赛从头看到尾。现在时间不够，等退休后我会把桥牌跟围棋重新拾起来。

说到工厂工作，跟教育比较起来，它就是简单劳动。我到的三个厂，一个是柴油机厂，一个是拖拉机厂，一个是汽车修理厂，都是机械工业，都是上流水线的。所以工厂的工作就是简单劳动，干完之后不需要去考虑它，反正有工程师，有现成的工艺。在流水线上干活，有些还是需要技术成分的，但是绝大多数不需要，比如拧一个螺丝，它是死的，不需要操纵者考虑，由技术员、工程师、设计师去考虑，你就是把自己的活干好就行了。到后来，是计件工资，就是你干多少活拿多少钱，有的拿得多，有的拿得少，差别很大。在学校做教育和它是有很大不同的，教育是复杂劳动，不是简单劳动。

现在从事教育的人基本上是以对待简单劳动的方式对待教育的，干完就算。现在网络很发达，资料多的是，可以不动脑筋大量下载，不去考虑怎样让学生懂。其实教材使用在农村、在城市，大的学校、小的学校差别不大，但是不同地域不同学校的学生差别是很大的。如果机械地去做，按照下载的教案讲，讲完以后布置作业，批改作业，让学生多做题、背书，然后参加考试，没有真正技术可言。在应试教育的背景下，教育的技术含量大大降低，跟工厂就没有什么区别了。

工厂在管理方面比学校更先进，因为它改革比较早，20世纪70年代末期就开始了，所以我的很多学校管理经验是借鉴公司的。比如，我们学校的薪资分配方式就是借鉴海尔集团的。海尔集团在分配的时候实行绩效工资，即10:80:10，就是10%优秀、80%良好、10%合格。如果不合格就要转岗或者走人。我觉得这个非常有道理。所以我在南外仙林分校实施结构工资制，对教师的考评除了那些量化的比如工作量以外，还看最后取得的成果，现在叫绩效。我稍做改变，20:70:10，即20%优秀、70%良好、10%合格。比如说我们的班级教育小组，10个班，2个是优秀的，7个是良好的，1个是合格的。就是把前面那个数字加大一些，希望"领头羊"能够多一些，但是也不能太大。我觉得学校跟工厂不同，工厂是可以计件的，可以差距很大，但是学校面对的是知识分子，知识分子的劳动方式与工人的劳动方式不同。我考察了国外的很多学校，教师工资有区别，但差别不大，不像工厂差别那么大。

这是我们学校跟南京其他学校分配方式不一样的地方，我们实行结构工资制，他们基本上趋于"大锅饭"。我觉得10%的合格比例是绝对有必要的，当然不合格的话肯定就要转岗了，因为我们是民营学校，要按民营的机制运作。这个10%，刚开始管理层都不愿意跟老师讲，只好我来讲。我跟老师谈，一个一个地谈，告诉老师他为什么是在这10%里。谈完以后，老师基本上都接受了。谈完之后我还给他们改进的机会，改进之后，该评什么就是什么，不会因为这次是10%，永远都是10%。现在大家都已经习惯这种考核方式了。如果没有这个10%，大家拿得差不多，即使有些人多拿一点，本质上还是"大锅饭"。我是不赞同末位淘汰的，因为末位淘汰不是很科学，你不能排除大家都做得还可以，非要淘汰一个，这是没有道理的。但是必须要给最后面的人一个警示，或者叫"黄牌警告"——你现在跟其他老师比有差距。

我们的评价方案就是这样，包括学生给教师打分，我们也是从南外开始坚持到现在。这个评价是无记名的，以消除学生的顾虑，学生按设计好的评价表对教师的教学目标、教学内容、教学方法、教学效果、德育项打分。学生评分出来之后，去掉最高分、最低分，再算最后的平均分，我觉得这很有道理。

对于一般学科，最低分去掉6个，最高分也是去掉6个，因为一个班大概有40个学生，去掉这些还有将近30人的打分，这样感情的成分可能去除得多一点，信度就相对要高一些。针对一些特殊上课形式的学科，比如外语，我们去掉3个最高分、3个最低分，因为外语是小班上课，一个班是20多个人。这个评分出来之后，我们会做专业统计，再个别反馈给教师本人。在评分之前，我们跟学生明确，给教师打分的目的是希望教师改进教学，学生都很愿意。现在的学生跟过去的学生不一样，到了高中，乱打分数的现象不多。

结果统计出来以后，有几组数字我们是要公布的，一组是这个学科的平均分、最高分和最低分，一组是年级的平均分、最高分和最低分，分学科和年级两个维度。当然有些学科是要有区别的，比如音乐、美术、体育跟其他学科不同，它们一般没有作业批改等环节。分数统计完了之后，会有一张表，然后我们把每一位教师的得分表用信封密封好，就像是工资单一样。教师拿了这张表就会看出来自己的得分以及在年级组、教研组里的位置。后几名的教师会被教导主任单独谈话，但是这事只有被谈话的教师知道，不会公开。一次不能说明问题，那就再观察一学期。如果多次排名都靠后，或换班后排名仍在最后，教师就要反思了。这种做法我觉得真的很好，教师没有面子的顾虑，大家只知道自己的情况。我会让他们限期改进，给他们改进的机会，告诉他们哪些地方需要改进。不要因为这是民办学校，不给教师改进的机会，就突然把他（她）解聘，这种做法是不行的。

在评价方面，如果跟农村、工厂的工作比，教育一定是复杂劳动，不能像工厂、农村那样。我觉得我们现在的教育普遍简单化。知识分子的劳动特点应该是善于反思，反思哪些地方做得还不错，甚至做得比较出彩，还有哪些失误。比如我在农村时就有重大失误。那个时候觉得"一大二公"，干脆把自留地收到生产队来吧，结果在征求意见时有一半人反对，一半人支持，但是我觉得越公越好，程度越高越好，虽然有人反对但我内心还打算搞。后来由于很多人强烈反对，到我临走的时候被迫取消。十多年过后我才清楚，应该有多种经济成分，不应该只有一种，应该保留农民自留地的。

我们现在的教育越来越工厂化，管理也越来越工业化了。很多教师没有对教材进行再加工，没有考虑根据学生的情况改进教学方法，常常满堂灌。我曾经在《南方周末》上看到过一张照片，某学校贴在教室后面的大标语："提高一分，干掉千人。"在我看来，这是一种非常低层次的操作，只讲究投入，不讲究方法，不去考虑怎么改进教学，怎么把教科研引入整个教育、教学领域，提高技术含量。有的地方还出现高一、高二的学生，站在教学楼上拼命地喊"学姐学兄，马到成功"等口号。我想那些学姐学兄听了肯定压力很大。这都是一些匪夷所思的方式。还有什么"五道杠""绿领巾"等，类似做法真是很多。我在工厂、农村待了十年，最大的体会就是教育一定不能做成工业，如果做成工业，那是对学生非常不负责任的。没有个性，统一要求，最后就是看学生考多少，这跟计件工一个样。但是教育不是工业，学校不是工厂，工厂有质检员，他（她）检查完就可以了。教育要考量的是学生素质，不可以用分数一下子衡量的。现在的评价体系是不完整的，也是不科学、不合理的。现在做教育似乎很容易，很多事情都不干，社会实践、校园文化活动等都可以省掉，大家都拼命上课就是了。数学课，国家规定是一周5节，我们学校基本上也是5节，但是像我们这样的学校几乎没有了。某中学一周上12节数学课，就是多了一倍多啊。这绝不是个别学校，相当多的学校都是这样做的，高考要考的科目，拼命地加课时。我们学校做这样的课时规定压力很大，很多老师不能理解，说这样的课时没办法上课，因为很多学校不是这样上，增加两三课时是非常普遍的，翻了一倍以上的也不罕见。你说他们给数学、语文、物理、化学、外语这么多课时，其他学科有时间吗？要组织校园文化活动、社会实践活动，有时间吗？没有。

我在1989年曾到一所中学调研，住在那里，早上六点多到教室一看，黑板上写着"六点钟以后到教室的：某某同学，某某同学……"，名字被写在黑板上的就说明已经迟到了。六点钟就上课了，45分钟一节课，上午6节课，下午4节课，晚上3节课。一个星期就星期天下午休息半天，从星期一上到星期天中午。仅在大年三十、初一、初二、初三、初四这5天放假，那个时候还是1989年哦。桌上书本摞得老高，我当时是第一次看到，现在我发现很多学校都是这样了。后来我发现越是这样的学校，层次越低。在这所中学我第一次看到教室里有一排排煤油灯。我问他们这个是干什么的，学生回答："一停电，我们马上就点灯。"操场上竟然还有田径队在训练，还有跨栏的。我把一个学生拉到边上，问："你们每个星期跨一次还是跨两次啊？"那个学生回答："你们要是不来，我们从来不跨。"到晚上我们去看，所有的办公室灯火通明，教室灯火通明不奇怪，学生用功学习，学校有住校的学生，但是办公室里所有老师都坐在那儿，这就让人很纳闷。我问他们校长，晚上老师怎么都坐在这儿？他说："习惯啦，大家都习惯啦。"后来我跟一个老师交谈，他说这是学校规定，晚上也要坐班的。如果夫妻两个都是学校老师，有一方可以回家烧饭，其他人是不可以的。

因为我那时候是教导主任，回南京后，我把那个情况在会上讲了，当时整个会场一片哗然，大家都觉得不可思议，怎么可以这样呢？但是我可以很确定地说，现在很多学校还是这样的。这种方式我把它称为"大运动量、高强度"，讲得再调侃一点，我觉得这是资本主义初期的生产方式，就是延长劳动时间，加大劳动强度。教育领域的很多做法是从工业借鉴过来的，有的地方搞的这些规定动作，是从"泰勒制"克隆过来的。但是这样一种方式确实是摧残人的。这都是活生生的人，都是青少年儿童，未成年人啊，怎么能这样对待呢？全国规范办学行为的文件是2009年出台的，在这之前，"××模式"在全国已经很普遍了。

四、大学经历：发现自己适合做教育

我考大学是在1978年，当时选的是政教专业，这个专业在国外是没有的。当时在那样一个背景下参加考试，报考的是南京师范大学（简称"南师大"），考得还可以，但是最后录取不理想，因为我父亲还没有平反，所以只能上专科。当时我是六合县文科第一名。后来去南师大学了两年，这是"文革"之后最早的专科班。

在那儿读了两年，现在那些同学基本上都在机关，当年也是分配我到机关，我说我这个人可能不太适合到机关，还是想到学校去，所以两年以后我到了学校。实践证明，我的选择是正确的。我先是被分配到金陵中学，我说我不能回去，那里全是我的老师。后来被分配到教研室，也没去，我说我还没教书就到教研室，这不合适。后来就被分配到南外，我是在1980年到了南外，在南外一共待了十七年。1987年到江苏省教育学院（简称"省教院"）读了两年脱产的教育管理本科。我的整个大学学历分两段，南师大两年，省教院两年。当时在省教院学习时我还经常回南外去，我还兼任南外的教导主任。

第二章　叩问规律：教学与管理的创新实践

一、教学实践与反思

当年我到南外一报到，学校就给我安排了两个年级七个班的教学任务，还要做一个班的班主任。校长就是当年我在金陵中学时的李治中校长。我问李校长："你怎么给我这么多工作？"他说："你能搞下来。"李校长让我带的那个班是一个比较乱的班，是德语班和日语班合在一起的，叫"德日班"。那些孩子非常开放，或者说是很调皮。教导主任说没有人愿意接这个班，让我试试看。他们提出人选的时候，李校长表示坚决同意由我来带。这个事情就这样定下来了。我要教初一，也要教初二，从那个时候开始当班主任，从1980年到1986年。1984年我被提拔为教导处副主任，1985年做教导主任，同时兼班主任，一直到1986年。我带的班级主要是靠学生自治，学生们的自治能力还是比较强的。

（一）"输在起跑线上"——教育与儿童发展规律的背离

我推荐大家看的《中国的孩子全部输在起跑线上》，是非常精彩的一篇文章，是旧金山一个叫柯领的学者写的。现在中国的家长、中国的学校非常重视起跑线，生怕孩子输在起跑线上。于是，孩子小小年纪就背唐诗、做算术、学奥数，进行各种各样的补习。但是家长、学校，乃至整个社会，对音乐、美术、体育不重视，对孩子接触大自然、接触社会不重视。我们讲的七大姑、八大姨，这些独生子女的家长没有人告诉孩子这是一种什么关系。人的发展首先是从形体动作开始，然后是对事物整体的感知，然后才是对内部逻辑的理解、推断，一定是这样一个顺序。但是，我们的学科设置、我们的教育，一上来就是大量的知识灌输。我们的数学是非常难的，非常重视科学逻辑，只注重左半脑或者说智商的开发。其实，人的右半脑，人的情商极其重要。我也不同意这样一种观点，说情商要占99%，那大脑还叫两半球吗？在大多数情况下，对一个人来说，情商比智商更重要。当然，一个人在向高端发展的时候，智商也是非常重要的，光凭情商也不行。但是我们现在很片面、畸形地重视智商，忽视情商，从一开始这个路就没走对。刚开始我们的孩子可以跑得很快，因为他会背那么多唐诗，还会算术，算得非常快，奥赛得了一大把金牌，但是越往后越没有后劲，因为这个时候他缺乏一个人发展过程中非常重要的情商的支撑。他对人情世故不是很了解，对大自然没有该有的洞察，对社会也是一无所知，或者说知道的很少。在该培养这些认知的时候，小学、初中、高中阶段全部错过了。很多人说现在升学压力很大，学生拼命做题、大量地背书，等到以后上大学了、到工作岗位了再来补情商教育，能补吗？这个是孩子必须要经历的特定阶段，错过了就无法弥补了。所以你看，杜威的教育思想强调儿童阶段就应该接近大自然，就应该做很多游戏……我觉得儿童最重要的就是对世界的好奇，就是对生活的兴趣。现在我们把他们从小就培养成机器人，看上去他们得了非常多的奥赛金牌，其实三十年前我们中国人就拿全球最多的金牌，但是现在这些人在哪里呢？

据我所知这些人大部分不选那个专业了，因为那个专业不赚钱啊。大部分人去学经济、金融去了，还有的学外语去了。剩下还在这个领域发展的，很多人不是真的对这个领域感兴趣。奥赛获奖者的知识结构是很畸形的，像江苏大名鼎鼎的某中学，就是通过集训来提高奥赛成绩的。他们的集训很多时候甚至不在校内，拉到南京来，由大学老师给学生上课。如果参加某个学科集训队，其他的学科都不学了，因为这些人拿了奖牌，大学肯定有人要。他们的知识结构是非常倾斜的，不要讲文科了，就是理科方面也很倾斜。我看了一些文章，很多数学家对数学奥赛持否定态度，他们认为那些题目根本是无意义的。我个人认为，中国的理科教育，本来就脱离中国大部分学生的接受能力，奥赛又把它再拔高，这样使中国90%以上的学生根本就不可能达到。但这么多人还是要"陪公子读书"，大家都去搞奥赛，读这个班那个班，最后损失非常大。即使是那些塔尖的、所谓"成功"的、获奖牌的人，最后事业也未必很成功。你说这样的事情我们做它有何意义？这个过程不是耽误了几个人，而是耽误了几代人。可以说从20世纪80年代后期就开始了，那个时候当然不像现在覆盖面这么大。所以，从教学的角度看，我觉得我们的课程设置、教学内容有很多问题，但你必须要去学、去背、去考，这是一个大问题。

（二）"自主、合作、探究"——教学方法的改革

从1984年开始，我在南外就对教学方式进行改革，类似现在将班级分成若干小组，大家自学，自学完了提出问题，然后进行讨论或辩论。中间我有一些点评，大家形成一些结论，然后结束。我在自己的政治课上采用这样的方式，教导处（那时我还没到教导处）说我这个班太吵了。我只好把门关好，后来还是不行，吵得一塌糊涂，学生辩论时嗓门很大。教导处经常干预。我说，你们能不能给我点特权，让我试验一下？按传统的方法讲，不仅学生没兴趣，我也没兴趣。这样大家讨论一下，辩论辩论，挺好的。

我觉得传统的教学方式就是演绎式的，然后就发展到满堂灌，特别是从20世纪80年代后期开始愈演愈烈，而不是像现在提倡的教学方式改革的主题词，叫"自主、合作、探究"。我在南外的时候尝试了这样的改革：学生自己先看书，然后大家来讨论，先分小组讨论，再大组辩论，就是自主、合作、探究，也许没有现在这样系统。我的体会就是，基础教育教学方式一定要转变，尤其在南外，我已经有非常明显的感觉。

在南外做了那么多年的改革，我觉得教育光在教学方面改是不行的，因为人的发展应该是全面的，所以在南外我还做了很多方面的尝试。80年代中期，我首先在自己的班级进行了一些改革，比如我们班级设立了"班级活动课"，不是班会，而是列入课表的课程。教导处问，你们这是什么课？我说这是我们自己设的，叫"班级活动课"，一定是活动，有的时候是以老师为主，有的时候是以学生为主。我们有学生讲过"发散性思维"，那是我第一次接触这个概念。那个时候人还是很保守的，学生希望我讲一讲男女同学的交往。那时无论是从理论上还是从实践上看，人们都觉得这个领域是不能碰的，但是我想试试看。那天我讲的时候，隔壁的学生都来了，教室里坐得满满的。其实我那个时候也不能像现在这样讲，毕竟几十年前了，我讲得还是比较传统的。我讲了恩格斯关于家庭的一些观念，还有对于恋爱的一些理解，等等。即便是这样，学生也非常欢迎。现在看来，这些都是很初级的，

也是我们"班级活动课"的内容。

我们班还建立了班委会，很早就进行班级竞选。后来每年换一个班长，班长通过竞选产生。我记得第一任班长是大家公认的好学生，也是南外的学生会主席。第二任选上来的班长，要是从传统的观点看，他的成绩不好怎么能做班长呢？但是通过竞选，他就是当选了，因为他的选票最多。第三任班长，现在在瑞士银行，是学德语的，按现在的说法，当年他就是一个问题学生，很调皮的。当时其实我也有很大的压力，好在学校没有干预，我们能够顺利地进行下来。其实，我觉得竞选产生的班委会很得力，后来我到教导处，班级给我的压力已经很小了。当然，我们班学生的自治自理程度很高，大家的能力很强，后来基本不用我管，他们自己管得很好。所以我想，是不是学校有时管得太多了？管得那么多，是不是就能管好了？我们要给学生比较大的空间，给他们选择的权力、决策的权力、运作的权力。学生不仅仅要有执行权，更要有知情权，特别要有参与决策权，这是就我们班而言。我后来到了教导处，在学生会实行竞选制。学生参与竞选应该是从1986年就开始了。南外有个特点，就是大家根本不考虑高考，学生在高二的时候都在忘我地参加学校的各项活动，等到了高三后半学期才静下心来，开夜车等。所以那一年，产生了南外也许是中国的第一届由竞选产生的学生会，随后学校的班级干部也全部实行了竞选制。另外，学校也组织了很多的勤工俭学活动，现在叫"志愿者"或"社会义工"活动。比如，教校外的学生包括小学生学习外语口语。记得第一次我还跟着学生上街去贴传单，大家都有点战战兢兢，不像现在大家都很泰然自若的，小广告可以贴得到处都是。那个时候去贴宣传单，就是"欢迎大家来报名"的宣传单，学生也有点忐忑，因为大家都没经历过。效果还不错，有不少校外的学生过来报名学习。所以，南外最早的勤工俭学活动从20世纪80年代中期就开始了，就是学生把相当一部分精力放在教别人学习上，而不是自己学习上。

二、敢为人先：素质教育的践行者

（一）素质教育纲要的制定——为学生一生负责

我们在80年代中期设立了一些校园文化节，比如"外语节""艺术节""体育节""科技节""读书节"等。南外有五个节，校园文化节就是从那个时候开始的。在80年代中后期，"素质教育"的提法开始出现，南外制定了全市第一个素质教育纲要。我们的想法是，学生应该全面发展，不能死读书。为了制定这个纲要，我们在全国召开了很多座谈会，就差出国了，那个时候出国不是那么容易。1989年5月之前，我们到北京去开座谈会，在各高校任教以及在国家机关工作的校友都来参加座谈会。开完座谈会我们还专门拜访了有关部委，了解南外分到那里工作的学生表现如何，在他们看来，中学在培养学生时应该注意什么问题。在北京的校友会上请大家就下面的问题畅所欲言："在南外生活了这么多年，你们的体会是什么？你们认为哪些是学校做得好的，哪些是需要改进的？特别是你们已经走上工作岗位，现在回过头来看，你们认为学校要注意提升学生哪些方面的素质？"会开得非常热烈，后来我们把这些会议内容集中起来，经过反思和提炼，形成了《南京外国语学校素质教育纲要》，以此来推进整个学校的素质教育。我觉得这是在80年代给我印象最深的事情，可以说，南外的改革从80年代中期就开始了，还是比较早的。

我们规定每个班级在外语、语文、政治课上课之前要有两分钟演讲。当时我跟南京师范大学附属中学（简称"南师附中"）的学生接触，觉得他们的语言表达能力很强，而且参与性很强，学校有什么事情，他们非常踊跃，都往前跑。南外的学生虽然不是往后退，但参与度不如他们，语言表达能力也不如他们。我觉得这样不行，于是规定外语、语文、政治课课前都要有两分钟演讲。现在在南外仙林分校发展到历史、地理课课前都要有两分钟演讲。我觉得整个国家的课程纲要、课程标准，对文字的表达很重视，比如对作文要求很高，但是对口语表达的要求很少。而口语表达在现实生活中比文字表达更重要。所以，我觉得我们自己要来弥补这方面的不足，于是在南外开设了演讲环节，这样的措施效果很明显。现在南外的学生个个能说会道，能言善辩，南外仙林分校的学生现在也开始向这个方向发展了，比一般学校学生的语言表达能力要强。因为我们有那么多的两分钟演讲，还有演讲节，演讲节的时候高中全是辩论，就像亚洲大专辩论赛那样的。有次辩论，我们把南京中医药大学的学生打败了。从南外开始，我就有这样一个想法，要让学生有自己的舞台，有自己的时间，有自己的独立思维。

（二）对"教育二元论"的批判——从"两点论"到"重点论"

当时在南外教政治课时，我一下课是走不了的，全是学生围着问问题。我的办公室在教室旁边，学生经常跑来跟我讨论问题，我从学生那里也得到很多启发。我讲一个例子：有一次我在办公室备课，来了一个女学生，她问我："老师，你在课堂上讲，把社会主义经济的长处和资本主义经济的长处结合起来，它们是两个体系，体系和体系怎么结合呢？"那大概是在1984年，高一学经济常识，我认为这是很大胆的提问，当时我很震惊，一个不声不响的女孩能提出这样的问题，我觉得她提问的水平非常高。的确，社会主义经济和资本主义经济是两个不同的系统，真是很难结合。直到现在，她这个观点仍然影响着我。现在不管是教育还是其他行业，"二元论"非常盛行，我对这种观点非常不认可。比如说欧美国家的教育有很多好的地方，我们中国的教育也有很多好的地方，我们不能妄自菲薄，应该把两者的长处结合起来。这种观点太普遍了，可以说绝大部分人认为这很有道理。我认为这话等于没讲，到底怎么结合？如果不把系统定位清楚，就很难把问题说清楚。

中国人的认识，就是我们的思维，经历了不同的发展阶段。在"文革"以前，好就是好，坏就是坏，不是东风压倒西风，就是西风压倒东风，不是好人就是坏人。那个时候，文学作品、电影全是这样的。这就是"一点论"。

经过"文革"之后，大家觉得"一点论"好像不对，大家发现很多所谓的"走资派"都是一些可敬可亲的老人家。经过"文革"之后，大家知道事物有两点，有好有坏，有长有短，有优势有不足，看到了问题的两个方面，这就是"两点论"。这是中国人认识方法的一大进步。问题在于，把两者等量齐观，不分主次，还是不能认识事物。我们现在缺少的是"重点论"。"两点论"要发展提升到"重点论"，就是要区分这两个方面，哪一个方面、哪一个倾向是主要的，这样我们才能认识事物。比如说有优点有缺点，那优点主要还是缺点主要？有长处有短处，长处主要还是短处主要？如果这个判断不清楚，认识事物都是模棱两可的。

现在回到刚才那个问题上，欧美国家的教育有他们的长处，我们中国的教育也有我们的长处，这话说得非常模糊。我们中国教育的长处究竟在什么地方？我想中国学生的竞争意识是很强的，记忆能力很好，计算能力超强。但我们的学生也存在很多不足。比如说，求异思维不好，从小学到高中我们告诉学生的都是标准答案，都是大家来演绎、论证这个题。至于语文、历史的学习内容，都是书上的。学生的创新思维、动手能力、合作意识呢？身体素质、心理素质、道德素质呢？中国教育需要的是战略转型。

（三）回应"钱学森之问"——中国大学为什么培养不出杰出人才？

钱学森问，为什么我们的学校总是培养不出杰出人才？我觉得中国大学学术水平在下降，学术性不强，行政化严重，"宽进宽出"，学风不好。我到过的国外大学很多，包括斯坦福大学、杜克大学、纽约大学、北卡罗来纳大学，他们不是这样，极其严格，有相当比例的学生不能如期拿到毕业文凭。我们的问题是：竞争意识非常强，但是合作意识非常糟糕。没有合作意识怎么工作？现在是一个分工很明确的社会，无论产品的分工，还是具体工作的分工，都是需要合作、需要团队的。现在学生心理素质下降，大学可能还好些，因为人放松了，环境比较宽松了。中学呢，更多的问题可能不是跳楼，而是学生有心理方面的疾病，如表现异常、自虐等。学生健康素质下降，学校连体育课都不重视了，有的地方长跑中死了一两个学生，于是一些学校就把长跑取消了。如果按照这样的逻辑，体育干脆也不用搞了。这些都是我们放松或取消了相关教育的结果，一切为了升学率，教育做到这个份上怎么为培养杰出人才打基础呢？

（四）反对形式主义——学校无横幅、无标语

现在很多学校有很多口号，我有一个原则，学校不许挂横幅、竖幅、标语。学校是学习的地方，就是要清清爽爽的，要有很好的环境。

对这个问题人们有不同的认识。我们国家从延安时期开始就有大标语、小标语，我觉得那个时候是可以的，通过标语激励全国人民打倒蒋介石，解放全中国，那种标语是很振奋人心的。随着我们国家的发展变化，现在各行各业大标语到处都挂，这种文化是中国特有的。我觉得在学校完全没有必要。我让他们把这些标语拿掉，刚开始很多老师不理解。国外的学校，教室内都是琳琅满目的，尤其是小学，都有自己的特色，但是基本没有什么标语。现在很多人到南外仙林分校来不习惯，说到你们这里来，第一看不到学生，第二什么标语都没有，你们的"环境育人"是怎么体现的？我想回应的是，"环境育人"就是要喊口号、贴标语吗？我们学校就只有石头上的四个字——"顺其自然"。我们现在在德育工作、教学工作、管理工作方面存在的形式主义东西非常多，需要全面反思、全面改革的空间很大。

（五）中外教学方式比较——是否符合认知规律

我刚到南外的时候，比较了外教和中教的课表，发现外教一周要上二十几节课，但是中教一般在十二节左右，十四节就是多的，十六节是极其罕见的。我想外教怎么吃得消？于是就到课堂上观察，我一看就明白了，他们那样上是可以上二十几节的，他们上课根本就没讲多少，基本是两个学生对话，然后大家再演什么剧，外教在中间指手画脚，一堂课讲的时间十五分钟都没有，其余时间全是学生在活动。这就是他们的教学方式，跟我们主要靠教师讲的教学方式有很大的不同。我到英国、德国去考察他们的基础教育，他们基本上就是课前将任务布置给学生，让学生去查找资料，之后让大家到课堂上来谈自己的观点，进行讨论，在这个过程中老师进行适当点拨。你看他们上课很轻松、很愉快，没有那么多知识点。我们常常以学生的知识很扎实为傲，我们的课堂确实有很多的知识点，学生学了或者说被灌输了很多的知识，但是这些知识，因为"满堂灌"的教学方式，遗忘率也是非常高的。但是外教不同，他们出题让学生去搜集资料，学生可以上网，去图书馆查找，或找长辈、同学讨论，每个人发表自己的观点，老师会在中间点评，但

是很少说标准答案，学生只要讲得有道理，都给予鼓励。在有待商榷的方面，老师会提建议，一般没有统一答案。其实，世界上的很多问题是没有统一答案的。

尤其是语文，我现在对中小学语文课特别不满，非要讲人家作者是怎么想的，然后是段落大意、中心思想，这样那样划分段落，我认为这就是"肢解"课文，根本不是学语文。尤其是在看过外教的外语课之后，再去看语文课，同样是教语言的，我们的语文课就像是慢动作。我校的外语课节奏非常快，我觉得是全国最好的。你看过外语课再看语文课，就会觉得语文课要改的太多了，不能那样上。其实要我看，不如列个书单，让学生读小说、散文、诗歌，读完以后大家再讨论，然后再写一些体会、感悟，我觉得这就可以了。学生有什么问题可以自己去查字典，教师在必要的地方做适当点拨和讲解。我们的课堂教学方式一定要改。课堂教学方式要符合人的认知规律，我们现在的以演绎式、讲授式、满堂灌为主的课堂，是不符合人的认知规律的，它导致学生所学的知识很难迁移。学生看起来学了那么多，实际上真正掌握的能够迁移的知识是很少的。

（六）对"虎妈""狼爸"的看法——过度使用"阴性刺激"

现在有一种观点，觉得蔡美儿教授那一套中国式教育、"虎式"教育极其严厉，孩子没有自由，但最终孩子进了哈佛大学了，是中国式教育的胜利。我非常肯定蔡美儿教授的一点是她绝不包办代替。我觉得很多人只看到那种严厉的、不近人情的教育，但是却没有看到她不像我们的家庭教育，没有太多的包办代替。我们的孩子上学，只要看书、做作业，家里面的事情不用做，全部由家长做。但是，美国不是这样的，每个孩子都要参与家务劳动。我们是干脆不做，学习最重要，家长看到孩子坐在那儿，又写又看，觉得心里很踏实，其实有的时候孩子在干什么家长也搞不清楚。

"虎妈""狼爸"的做法就是过度使用了"阴性刺激"。教育方式一般分为"阴性刺激"和"阳性刺激"。"阴性刺激"就是否定、批评、惩罚，"阳性刺激"就是肯定、表扬、奖励。教育就是要综合使用两类刺激，以"阳性刺激"为主，"阴性刺激"也要有。蔡美儿教授的做法中可以商榷的地方是，过度使用了"阴性刺激"。这里有两点要指出：一是她的孩子虽然考进了哈佛大学，但是孩子的全面素质，尤其是创新意识是不是比美国孩子强？二是进哈佛的学生大多是得益于美式教育而不是"虎式"教育，不能因为有一个人是这样考进去的就肯定中国式教育。

这给我很大的启发，就是"阴性刺激"必须要有。人总是要有一定的压力，要有一定的束缚或目标，如果达不到就要自省。老师对学生有一定的要求，这是必需的，如果学生达不到就要对他进行批评教育。做老师必须要会恰当使用"阴性刺激"。老师一味地跟学生打成一片，没什么界限是不行的，要让学生有敬畏感，就是要让学生尊敬你，但也要有一点害怕你，一定要这样。如果不是这样，就没有规矩，学生根本不会听你的。但这个是底线，最重要的是"阳性刺激"，要多给学生肯定，发现每个学生的长处，多表扬，我觉得这个是非常重要的。美式教育最成功的就是，非常肯定每个学生的长处，不吝表扬。人是需要得到肯定的，如果总得不到肯定，是很难进步的，所以美式教育对我们也有很多启发。

三、上下求索：积淀办学实践经验

（一）办学自主权的探索

到了20世纪90年代中期，我们一直在思考，尽管南外不错，也不愁生源，但是南外能不能改制，改变完全公办的体制，寻求更多的办学自主权：要有自己的课程决定权、人事权、财权等。不只是我一个人，我们领导班子的意见是一致的，都希望改制。事实上，直到现在公办学校都没有改制。为了改制，学校申请了两次，都被否定了。真是很灰心啊！现在大家可能觉得匪夷所思，一所公办学校，日子那么好过，你还折腾什么？但在那个时候我们确实认为，如果有更多的办学自主权，我们肯定能办一所更好的学校。

被否定之后我就萌生去意，觉得在这样的学校继续做下去，没有多大价值。刚好在这个时候有几个地方邀请我去办学校，其中有苏州国际外语学校。这所学校是一个美籍华人办的，他本人是一个建筑设计师，姓梁，台湾人，在台湾上过大学，当过兵，后来到美国去了。当时他已经五十多岁了，他通过南京市的一些人跟我联系，邀请我到那边出任校长。这对我来说是一件大事，那是1997年，他约我谈过几次，说："我们按照教育的理念办一所学校，办一所确实是全面实施素质教育的学校。"这一点打动了我，我觉得虽然在南外做了不少的改革，但是由于办学自主权很不充分，所以办一所更好的学校的愿望很难实现。我考虑了很长时间，最后决定离开南外。这件事情当时可能在南京市影响较大，因为当时我是南外的副校长，分管学校的常务工作。而且，当时南外的教育质量得到了很大提升，毕业生几乎是百分之百升入本科，而且都是非常正规的大学。

处在这样一个位置的我离开南外，大家不能理解，包括我的家人，没有一个人赞同。但是我坚持要办一所真正实施素质教育的好学校，我要有较大的办学自主权，因为如果没有办学自主权，你有很多好的想法也很难落实。最终我说服了家人。

关于体制的问题，也不能说我不在乎，体制内、体制外是非常不同的，体制内是终身保险的，而且有很多的既得利益；体制外是要靠自己的，还有很多的磨难，你要面对各种各样的现实问题，包括一些法律问题，而在体制内这些是可以规避的。当时，我从体制内辞去公职，把在南外的副校长工作、教师工作全部辞掉，我的人事关系进入苏州市的社保局，成为一个体制外的人。当时我是以特殊人才被引进的，因为我已经50岁了。所以，我现在是苏州市，也许是江苏省，第一个在民办学校退休的。很多民办学校的老师都在看，看我退休拿多少钱，因为在公办学校，实行绩效工资之后拿的还是很高的。但是民办学校教师的退休工资很少，你可能不相信，我刚退休时每月只拿1000多，后来逐渐增加，即使到现在，我每月也只能拿3000多。当然，我们学校因为发展得比较好，自己制定了一个政策，在这个学校退休的老师，享受跟公办学校同样的待遇，差额由学校补贴，所以我现在不存在这个问题。但是，实际上我每月只能从社保局拿到3000多块钱，这还是民办学校里工资最高的。由此可以看出，现在分配的双轨制差距有多大。当然，国家也在想办法弥补，这两年每年都在增加企业退休人员的工资。

（二）民办学校的办学经历

我在苏州国际外语学校工作了四年，到2001年离开。在这四年里，我了解了私立学校、民办学校是怎么运作的，包括它的人事制度、工资制度，以及学校的行政运作、教学运作，拥有相当大的办学自主权。应该讲，我还是比较幸运的，因为老板是美籍华人，他的教育理念不是应试教育，但是你要跟他在各个方面进行协调、进行磨合，他的观念比我要超前得多。比如说，有一次他跟我商量："我们是不是开个理财课，从小学一年级到高中三年级？"可能大家觉得匪夷所思，小学一年级就开理财课。后来我跟他商量，我说小学一年级开理财课可能早了一点，我们可以从初中开始开选修课，但他的意思是要开必修课。他也不知道我们国家是什么课程制度，他觉得美国就是这样的。从他那儿确实得到了很多启发，包括在办学理念、教学理念上。我再举一个例子，苏州国际外语学校食堂外道路旁边栽了两排冬青树，我发现很多学生直接跨越那个冬青树过去，因为那样路程最短，走得最省劲。但是大部分老师会觉得没有规矩不行啊，冬青树怎么能随便跨呢？草坪怎么能随便踩呢？有一次，梁先生看到了，他说看来是有需求，有需求我们就满足，然后就在那个地方开了一条路。类似这样的做法对我们的教育真的有很多启发。我把这个案例写进了我确定校训的报告里。

在苏州的四年非常困难，因为在南外我们是一个团队，但是去苏州就我一个人。当时那边遇到了麻烦，学校安排小学语文老师每人教两个班。这下子，老师罢课不来了，一团糟。苏州方面说你赶快过来啊！那个时候我答应南外，期中考试结束后才能过去，我要说到做到，因为很多事情还要交接，要对南外负责。我说你们先不要着急，先了解苏州市的情况。他们了解到一般学校通常安排一个老师只教一个班，既然这样就不能安排一个老师教两个班，之后他们再一家一家地把老师请回去。那个时候学校只有500个学生，11月份我过去以后临时任命教导处副主任，当然也留任了一些当时在任的干部，比如说副校长，先搞一个班子，但是这个班子还是比较弱的。然后我挨个听课，每个老师的课我都听，了解他们的教学情况。在这个基础上，我再提出一些措施。做起来很难，因为这是私立学校，人家交了钱进来的，跟公办学校不同。

公办学校，尤其是比较牛的公办学校可以不理家长的，家长有意见，学校可以听，但采不采纳是学校的事情，甚至有的听都不听。但是私立学校、民办学校不是这样，它们其实是提供一种教育服务，家长是客户，他们不是必须要到你这儿来。公办学校的经费都是由国家划拨的，你爱来不来。民办学校不行，家长出了高价，到你这个学校来，你要满足他们的要求，在家长看来这是天经地义的。这就容易产生矛盾，我们作为学校管理者有我们的观念，认为要对每一个学生负责，要从长远角度对学生的终身发展负责，不能那么目光短浅，那么功利，但是家长不这样认为，他们的很多要求很直白，要升学！那个时候苏州国际外语学校的生源是来自全国各地的，上海的就占了三分之一，还有三分之一是浙江的，其他的是江苏各地的，还有少数安徽的，当然还有国际学生。

记得有一次几十个上海家长跑到办公室来跟我吵，因为我们做了一个决定，初中升高中必须要有10%的淘汰率，以前没有这样的规定？民办学校或私立学校有一个特点，它招到人都不容易，学生一般都能升上去，不会有淘汰。那些家长说为什么以前没有这样的规定，你一来就有这样的规定？我说，如果我们没有这样一种淘汰制度，没有危机感，这对你们的孩子没有好处。其实南外的淘汰制度，是我跟时任南外校长敬元虎跑教育局、跑教育厅才定下来的。本来南外学生都是从四年级进去，学生初中升高中没有淘汰，不参加中考。那个时候小学还是五年制，全校实行八年一贯制。所以，学生到了初二就松，到了初三就乱。后来我们就坚决分成两段，初中升高中淘汰10%的学生。建立这样的淘汰制后，真的就不同了，虽然我们的各项活动照常举行，但是学生的自觉性大大提高。虽然只有10%的淘汰率，但是基本能影响到三分之一的学生，他们必须要认真学习。受南外经验启发，我在苏州国际外语学校坚决执行10%淘汰制。当时家长吵得一塌糊涂，我说你们讲不能淘汰，你们有书面协议吗？有学校规定的制度吗？没有，那就行，我没有违反学校对你们的承诺。你们没有任何书面的协议，从法律角度上看你们没有反对的依据，这个事情我一定要做。你们做好准备，回去好好督促孩子，把中考考好，到时候肯定淘汰不了。类似这样的情况还有不少，比如说教师工资，公办学校吃"大锅饭"，大家拿到手的都一样。当时，我到广东跑了不少学校，然后参考广东碧桂园学校的分配方案，结合苏州市的情况，提出了结构工资制，真正实行"按劳分配"原则。回到南外仙林分校后，在之前基础上，根据南京市的情况又做了修改，形成现在南外仙林分校的教师工资制度。后来，我又和苏州国际外语学校的管理层一道对学校的招生制度、人事制度、课程设置、教学方式、管理方式进行调整，形成了私立学校的一整套运作方式。苏州国际外语学校的学生人数从我去时的500人，增加到我离开时候的3700人，每年基本翻一番。

（三）帮扶鲁迅外国语学校

2001年，我离开苏州国际外语学校，来到鲁迅外国语学校工作一年。我为什么去那所学校呢？因为那所学校的老板跟杭州外国语学校合作，在杭州外国语学校校园内办了一所学校——杭州华立外国语学校（民办），很成功。但是鲁迅外国语学校很不景气，学校只剩200多学生，要垮了。鲁迅外国语学校老板通过杭州外国语学校的毛校长（跟我私人关系比较好）请我过去帮忙。就此事我跟苏州国际外语学校的老板商量，他很大度地同意了，聘请了一位名校长来接替我的工作。到了绍兴之后，发现鲁迅外国语学校确实不景气。那个时候我觉得自己已经有了四年的民办学校办学经验，所以在那所学校全面实施苏州国际外语学校的那一套做法。经过一年的时间，学校发展得不错，学生增加到400多人。虽然现在看起来这所学校规模很小，但是在200多人的基础上增加到400多人也不容易。我还创办了浙江省第一所女子高中，为此我还专门到上海市第三女子中学学习办学经验。

（四）回归故里，大展身手

我是2001年八月下旬去绍兴的，到了次年二三月份，南外的董校长和李书记从南京专门来到绍兴，请我回南京，办一所我梦寐以求的学校，由南外控股，办学自主权很高。我觉得很为难，鲁迅外国语学校刚刚有点起色，马上又要回南京，心里有点不甘。我很矛盾，很犹豫，但感觉这个机会确实很难得。在私立学校，一般老板干预很严重，而我在苏州国际外语学校，一上来老板不怎么干预，完全交给我，政府也不干预，苏州市教育局很开明。非常感谢当时苏州市教育局的顾局长，我到苏州国际外语学校以后，他把我和老板夫妇找到一起，对老板夫妇说："你们两个人现在就不要过问这所学校的事情了，全部交给钱校长，你们既然请他过来，就不要干预。"我觉得他很懂教育，就是在这样的背景下，我在苏州国际外语学校办学很少受到干预。顾局长很开明，他说："我对你的支持，就是我不管你。"我觉得这真是太好了。虽然我刚刚去，还没有民办学校的办学经验，但是我要有那么多"婆婆"，肯定没办法做事。后来，我回南京的时候就跟市、区教育局局长讲，我们学校是民办学校，你们最好不要管我。在这样的背景下，后来还是决定回来。我现在觉得遗憾的是，当时我是向老板请了一个长假，因为原因不好讲，我就说我需要休息，他也不错，没有细问。很遗憾的是，鲁迅外国语学校两年之后垮掉了。2002年7月5日，我回到了南京。

第二部分

创办学校：
特立独行的办学之路

- 我要纠正一种说法就是"纯民办"，现在有很多人使用这种说法，但是这种说法是不科学的。

- 学生素质的发展必须要有时间与空间的保证。你说发展素质教育，结果你的第一课堂把时间占得满满的，学生怎么去发展？

- 很多时候很多事情，你坚定地去做，只要是正确的，不要怕它是少数，它会逐渐变成多数的。

- 你们要支持我，就不要管我，不管就是最大的支持，对市、区教育局局长我都是这样表态的。

第三章　朝花夕拾，南外仙林分校的前世今生

一、学校的创办背景

　　创办南外仙林分校是2001年南京市政府要做的"二十件大事"之一，即在南京建三所大型的民办学校——南外仙林分校、南师附中江宁分校和金陵中学河西分校，分别处在南京的东、南、西三个方位。由于优质教育资源已经不能满足南京市民的需要，所以人们迫切希望办这三所民办学校。《中华人民共和国民办教育促进法实施条例》颁布以后，公办学校可以参与创办民办学校，再加上优质教育资源的供不应求，所以这三所学校应运而生。

　　如果说其他两所学校是"奉命"而为，我们则相对比较"主动"。90年代在南外工作期间我就谋求改制，一直没有成功，所以还是非常主动地想办这样的学校。其他两所学校的发展与我们有很大的不同。比如，在我筹备、主持南外仙林分校期间，我的思路十分明确：就是要按民营机制筹建这所学校，而且要覆盖基础教育的全阶段（小学、初中、高中）。但是他们不同，因为是"奉命"办的，所以他们没考虑要办小学，只办初中和高中。南外其实也没有小学，但我坚持南外仙林分校要办小学，否则之后在资金和生源方面都会出现问题，因为那个时候我对民办学校已经有了很多了解，我意识到我们必须主要靠自己，不能靠政府。大家可以看到，指导思想不同，实践确实有很大的不同。我们一开始就有小学、初中、高中。小学六年级全部招生，加上初一和高一，这样就有八个年级。而那两所学校只招初一和高一。每次见到他们的校长我都会建议他们必须要办小学，不然将来会在生源和资金方面遇到很大的问题。但是他们觉得这不是他们考虑的问题，应该是董事会考虑的问题，是本部校长应该考虑的问题，他们根本不必因为这个问题烦心。一直到2009年，南师附中江宁分校终于下决心办小学，金陵中学河西分

校是在2011年才下决心办小学。他们已经看到，我们这边小学这么火爆，我们的资金运作要比他们好得多。

南外仙林分校的性质是多种成分的股份制民办学校，多种成分指的是国有的、民营的，这里面有学校，也有公司。在那段时间全国各地办了不少民办学校，但是股份制的学校还很少，除私立学校之外，往往是学校跟政府合作，像南师附中江宁分校是和江宁开发区合作，金陵中学河西分校是和河西指挥部合作。我们学校的合作单位除了南外、仙林大学城（代表仙林大学城出面的是开发公司），还有另外两家民营企业，这样的学校在全省，乃至全国是不多见的。后来国家清理民办学校，很显然，我们不属于清理的对象。

关于这所学校的性质，我要解释一下，它属于民办学校。民办学校有多种，一种就是大家常见的完全私立学校，就是由私人企业、私人公司、私人老板独资，比如南京21世纪双语学校。

我要纠正一种说法就是"纯民办"，现在有很多人使用这种说法，但是这种说法是不科学的。他们的意思是指完全的私立学校，因为他们认为这是很"纯"的。到现在还有很多人讲，南外仙林分校、南师附中江宁分校、金陵中学河西分校都不是"纯"民办的。其实这话是不对的，这表明很多人对民办学校不理解。"纯民办"这个说法我能懂，但它是不科学的。民办学校有几个特点：非政府组织或个人用非财政资金创办；具有"四独立"[①]的特点；国有资金不能流失。只要具备这几个特点，就叫民办学校，没有"纯"或"不纯"的区别。南外仙林分校符合这几点。要说不符合的就是它的名字——"仙林分校"，老百姓都叫我们"仙林外校"。本来我们要改名的，准备改成"亚东公学"（我们这个地方叫作"亚东"，在英国最好的私立学校都叫作"公学"），但是，广大教师不愿意改，家长也不愿意改，尤其是学生不愿意改，这所学校的学生称它为"南外仙林"，如果叫"仙林外校"就跟南外没什么关系了。我想，从它的性质分析，它是一所完全的民办学校，但它是一所具有多种成分的股份制民办学校。我们的定位是含有基础教育全阶段的民办学校。

---

① 《中华人民共和国民办教育促进法实施条例》第二章第六条指出："公办学校参与举办的民办学校应当具有独立的法人资格，具有与公办学校相分离的校园和基本教育教学设施，实行独立的财务会计制度，独立招生，独立颁发学业证书。"

二、办学思路：不走寻常路

（一）两个"必须"的办学思路

第一，必须全面实施素质教育。

从20世纪80年代末开始，到2002年，应试教育的弊端已经十分明显了，它的危害大家都已经感受到了。我们不能办一所应试教育的学校，必须全面实施素质教育，如果不是这样，我也不会来办这所学校。实际上，为了办这所学校，我放弃了很多，包括年薪、房子等。因为根据学校的承诺，如果我再干一两年，我在苏州国际外语学校的房子就属于我了。后来2005年的时候，苏州的老板希望我回去，承诺给我一栋别墅，象征性地交一点钱。但是我觉得，在我们国家私立学校办学是很困难的，政府不支持，老板大部分又不够开明，所以办一所好的学校几乎不太可能。所以我既然决定回来办这所学校，就不会再回头。至于放弃的东西，看你怎么看，完全从物质的方面来看，我的损失是很大的。

这所学校之所以全面实施素质教育是有历史渊源的，因为我们在南外时就比较重视素质教育。南外在全市、全省，乃至全国都是素质教育做得比较好的学校，因为我们接触外面世界比较多。比如说，外籍教师在20世纪80年代初就进入南外，所以我们比较早就对国外的教育有所了解。再就是我们走出去的机会相对较多，就是到国外参观、访学，这使得南外一批人有了素质教育的理念。南外有四个语种，英语、法语、德语、日语，以英语为主，教师思想上比较开放一些。加上80年代、90年代，南外很多管理层的成员及老师出国学习，对国外教育的情况有比较多的了解。所以我们觉得中国教育这样办，在中国的土地上似乎是压倒一切的，但在国际教育的大潮当中，中国教育是另类的。所以，创办南外仙林分校，必须坚持素质教育的办学原则。

第二，必须办出外国语学校的特色。

办学特色是一所学校必不可少的，何况像我们这样新办的学校，如果没有非常鲜明的特色，那将永远走在别人的后面。这个理念我们是非常清楚的。考虑到南外仙林分校办学主体的特点，同时我们看到了外语的重要性，我们提出一定要把外语特色办出来，这所学校的外语不是一般地强，要非常地强。

在筹建阶段，外语老师除了和一般老师都拿课时费以外，另外再给外语老师发课时津贴，外语老师每个月都有400块钱的课时津贴，这在其他学校是不可想象的，我想在全国实行这样政策的学校也没有几所。在全国定位为外语学校的有上千所，但是真正按外语学校办学要求操作的恐怕不足百所，在江苏地区，恐怕就只有南外仙林分校和南外，再加上苏州国际外语学校、苏州外国语学校等不多的学校。

南外仙林分校跟其他学校不同的是，我们的学生上外语课的时候是一分为二的，一半学生去教室旁边的小教室上课。我们大教室旁边有一个小教室，其他学校几乎没有，所以我们学校的校舍就多。除了住校生以外，教室就得多一倍，小教室虽小，但是比普通教室的一半要大。

我校外语老师很快接近150人，加上外教，一下超过200人，在当时也许是全国外语老师最多的学校。另外，我们的大纲，现在叫课程标准，要求也要比一般的学校高得多，高中毕业学生的外语词汇量要求是7000到8000，一般学校最多到4000左右。怎样保证词汇量呢？就是大量地引进教材，除了统编教材以外，我们还使用国外的很多教材，比如"新视野""新捷径""朗文""典范英语"等，通过使用不同的教材来保证整个教学的要求。而且在教学要求里，对口语和听力的要求很高，一般学校是没有这样要求的。

必须要有办学特色，如果我们的外语教学水平很高，那我们就拥有了强大的竞争力。学生在外语上面花的时间多，花在数理化上的时间就会减少，肯定要吃亏。但是由于我们平时外语教学的阅读量非常大，学生到考试时就很容易，参加高考英语阅读如鱼得水，雅思、托福、免试保送考试都考得好，留学机会就多。一般学校也可以留学，但是他们的留学生比例比我们低得多，另外他们留学的学校在层次上也不如我们。我们学校学生的外语水平高，雅思、托福考试得分高，就能到国外很好的大学留学。这样保送、留学，再加上参加高考，所以我们的升学率就很高。

我们国家仍然比较缺乏外语人才和精通外语的专门人才，后者不是专门研究外语的，像李克强总理，他是可以和外宾直接进行交流的，还有那些专门翻译国外文献资料的人才。外语学校的培养目标就是外语人才和精通外语的专门人才。前几年到印度，印度是全国讲英语的，只要你上学，就要学英语，英语是官方语言。你看印度虽然落后，但是它的软件业很发达，可能其中的一个原因就是他们懂英文的人比较多。我们呢，懂英文的人相对较少。我看到现在一些专家还呼吁降低对英语的学习要求，我觉得这是没有远见的。因为世界上的发达国家绝大部分是使用英语的，从美国到英国、加拿大、爱尔兰，欧洲国家的人们基本都会英语，而且是能够对话的，不是"哑巴"英语。我们要是不会英语，英语水平提不上去，将来就很难发展，而国家需要大批这样的人才。从积极的角度来讲，第一，因为国家缺乏外语人才和精通外语的专门人才；第二，可以为高考、留学以及各种形式的升学做准备。这就是这所学校为什么要有这样的办学特色的原因。

（二）严格执行国家课程

从办学指导思想上看，我们严格执行国家课程，加上我们外语的校本课程，还有一些我们认为重要的其他校本课程。我要解读一下"严格执行国家课程"这句话：不允许随意增减国家课程节数；高考科目，不允许随便加节数，非高考科目，一节也不许减少，所以我们的课程是非常规范的。外语方面的课程比较多，其余像高考的科目，语文、数学、物理、化学，一般学校会加很多课，但我们一周只加一节课，而且加这一节课是因为我们一节课是40分钟，别的学校是45分钟。他们5节225分钟，我们6节240分钟，其实差不多。很多学校是翻倍，比如规定数学课一周是5节，不少学校起码是9—10节，有的在10节以上，而且是45分钟一节的课。我们学校还有很多校本课程，我们是这样设计的：

外语教育。初中和高中外语实行"8+1"，就是一周8节中方教师的课，1节外教的课，每个小班都有外教。江苏省规定小学从三年级开始学英语，而我们从一年级就开始学。我们小学高年级是一周5节课，中低年级是3—4节，而且还要加"1"，即1节外教课。

心理教育。心理教育越来越重要，必须建立心理教研组。我们学校有5位专职心理教师。他们作为专业教师，不做班主任，不兼任其他的课，专门从事心理教育。他们的任务一是上心理指导课，我们学校绝大多数年级都要上这个课；二是做心理咨询，各种形式的心理咨询，有面对面的、电话的、书面的、网络的；三是进行一些心理教育培训，培训班主任、学生干部、任课教师，有的时候甚至还培训家长；四是进行心理干预，对少数有异常的学生进行心理干预；五是对学校的决策层提出心理预警，这是一般学校没有的。我们心理教研组的力量比南京市大多数区的力量还强。到现在为止，部分学校会有一两位心理教师，有些学校一位也没有，而且心理教师还要兼其他的工作，我们是专职的。所以栖霞区的心理教师培训就放在我们学校，由我们对整个栖霞区的教师进行心理培训。我们心理教研组的很多教材都是自编的。我对他们的要求是，一定不要去背概念，那样就没有意义了，要进行案例式的培训。

科技教育。中考、高考都不考科技，很多学校都不重视。我们认为科技是非常重要的。现在的数学、物理、化学都是偏理的，不是偏应用的，科技教育是偏应用的。一个相当于理，一个相当于工，机器人、航模、无人机等都是科技教育。这是受到苏州国际外语学校老板的影响，他要求每个学生在毕业的时候都要有一项专利发明。我当时认为这个要求太高，他说这个要求不高，在美国很多学校都能做到。现在苏州国际外语学校的科技教育是非常突出的，有专利100多项，全是学生获得的，南外仙林分校现在专利才十几项，还要努力。除了科学课以外，我们还有"做中学"，学校还建立了少年科学院。

信息技术教育。我们的信息技术教育采用校本教材，比国家规定的要求高，我们是分层教学的。零起点的是一个层次；高水平的是一个层次；其他的又是一个层次。上课是两个班合在一起的。我们学校的信息技术教育相对来讲水平比较高。

（三）保证第二课堂

必须保证学生有丰富多彩的第二课堂，这是学生最欢迎的，有些学生甚至到了狂热的程度。我们的指导思想非常清楚，除了上课以外，时间要留给学生自己去支配。学校有大量的学生自主实践，包括选修课、学生社团、校园文化节、社会实践。我们把南外的五个节——外语节、艺术节、体育节、科技节和读书节借鉴过来，后来又增加了演讲节，共六个节。一个学期三个节，两个学期一共是六个节。选修课是人人要选的，这跟中考、高考没关系。有些学校的选修课是物理二、化学二、数学二……我们不是，我们的选修课全是学生喜欢的，比如体育、美术、音乐、科学、文学方面的，还有一些外语方面的，如学生的外语角等多种系列。小学部、中学部和国际高中部分别有几十个学生社团。另外，学生必须到农村、工厂和部队观察体验，还有很多社会调查，这些逐渐发展下来，成了一大亮点。这是第二课堂，学生非常喜欢，他们的很多精力和时间都放在了第二课堂。我的观点是学生素质的发展必须要有时间与空间的保证。你说发展素质教育，结果你的第一课堂把时间占得满满的，学生怎么去发展？

讲到课程，基本上就五大块，必修课程、选修课程、活动课程、生活课程和国际课程。到目前为止，我们学校的课程还是分成这四块。必修课程主要是国家的，还有一部分校本课程；选修课程一个星期两节课；活动课程包括校园文化节、运动会、春游和秋游等；生活课程，除了在公寓、食堂里参加适当工作外，还安排学生深入社会实践，将社会变成学生的生活课堂；国际课程，包括外语选修、国际友好学校交流、出国修学旅行及国际合作办学项目等。

三、广纳贤才：为有源头活水来

（一）组建队伍，不拘一格降人才

我们学校的师资来源是社会招聘，南外是不可能给我们大量师资的。所以我们就立足于招聘，学校95％以上的教师来自社会招聘，南外过来一部分教师，在职的极少。

我是由董事会聘任的，由我提名副校长，报董事会批准，这就是学校管理部门的组成。我提名的一位副校长是分管中学的彭校长，现在还在这个学校做顾问。他以前是南外的教学主任，岁数比我还大，他退休的时候我邀请他到鲁迅外国语学校，南外仙林分校筹建的时候他跟我一起回来。除了盖房子以外，整个筹建工作都是我跟他两个人负责，包括学校的师资、招生、课程、制度制定等。我邀请的另一位副校长是南京市拉萨路小学（简称"拉小"）当时的校长董惠霖，刚退休。在南京，拉小是非常有名的学校，那个时候就有名，现在名气更大了。当然拉小有另外一个"恶名"，被认为是小学"大运动量、高强度"的典型。但是我看重董校长的魄力和负责的精神。我跟她讲好，到这边来要按我们的办学理念办学。我想讲明一点，不可能得到完美的人。如果这个人的教育理念跟我们的一致，个人能力又非常强，这样的人几乎是得不到的。当时有很多人质疑我聘的副校长，但我仍然坚持用她。她跟拉小另一位副校长，也是南京市最早的一位数学特级教师孙丽谷一起过来。聘孙丽谷过来是做小学部的顾问，董惠霖是做小学部的校长。管后勤的副校长是南外的副书记，他是参与筹建的，是主管后勤基建的副校长。一开始我就聘了三位副校长，书记是南外的老校长范京华，他退休后在南京21世纪双语学校做总校长，但是南外仙林分校要开办了，他就过来做书记，创校时的领导班子就是我们五个人。

中层干部绝大部分是在招聘中发现的。一个单位在初创的时候机会是很多的，中层干部很多都是当时我看过材料面谈以后拍板的。信息技术中心的副主任高宁华是报社的编辑，看了她的材料和文章以后，我觉得她水平还不错，立刻就决定聘她为信息技术中心的副主任。总务主任也是南外的一个老同志，现在还在学校工作。招办主任是我从鲁迅外国语学校带过来的，其他的临时找了一些。

除了少数以外，绝大多数教师是通过聘任的方式招来的。我们按照市场机制，在报纸上登招聘广告，招聘的教师都经过投简历、面试、试教几个环节。当时南外还有几位外语老师非常优秀，她们年纪比较大，那个时候她们刚退休，这所学校一成立，她们就来了。当时，南京21世纪双语学校一下过来二三十个老师，这也是市场竞争的结果。

（二）亮相招生，以实力取胜

当时主要的招生方式就是发广告、举办咨询大会，在南外、在长江路的人民大会堂开过咨询大会。我总要讲一番话，讲这所学校的办学指导思想、优势以及上了这所学校后应该会有一个什么样的前景等。在讲话中我都贯彻一个原则，那就是实事求是。我非常不赞同有些机构的做法，对外宣传，把将来要做的事情说成现在正在做的，把现在正在做的事情说成已经完成了的。这样做商业可能赚得到钱，但是做教育不能这样。

我觉得应该实事求是，这所学校让大家放心的是我们跟很多学校不同。我们会按照人的发展规律来做教育，会考虑到儿童的身心发展特点，而且这所学校有非常鲜明的特色——外语。因为有外语学校这个牌子，再介绍我之前是南外分管教学的副校长等。那个时候我在南京已经有点影响，我去苏州的时候，南京市的报纸曾报道过这件事情，大家都知道。再加上书记是南外的老校长。主管外语教学的是南外的特级教师王仁元，他刚好也退休，就那么巧，我请他过来做我们学校的副校长，领导外语部。我们学校跟其他学校不同的是有个外语部。所有的外语教师在业务上都归外语部领导。

招生第一年，我们的招生计划都完成了，虽然不像现在的招生这么红火，但是全部完成了招生计划。高一当时招了4个班，初一是6个班。小学从一年级到六年级，每个年级是2个班。人多的时候根据报名人数每个年级会开3、4个班。加在一起也有20多个班级，有1000多个学生。

后来招生就很简单了，每个报社来一个记者，我们举行个新闻发布会，公布当年的招生计划、招生方式，他们就在各个报纸上报道。因为很多家长想了解，反而是报社想知道我们的招生方案，这是他们的一个卖点，根本不需要我们再去宣传。

四、学校文化的诞生

（一）校训：从"励志笃学"到"顺其自然"

开始我们定的校训是"励志笃学"。"笃学"好理解，很多学校都有。但是"励志"，并不是每所学校都有。我们明确提出"励志笃学"，非常重视理想教育。

随着学校的发展，我们觉得很多事情都证实了教育要按规律办事，尤其是看到应试教育愈演愈烈、学生越来越苦、书包越来越重、作业越来越多等现象。尽管我们学校没有搞应试教育，但是也受到了大环境的影响。当时南京大部分初、高中寒暑假是要上课的。高中是肯定要上的，一个月休息一天的高中不是个别的，初中要好一些。在这样的背景下，我们学校星期六上午上到十一点左右，是南京市补课最少的，后来到2008年就率先取消了。

我们当时的做法显得很另类，学校会举办大量课外活动，还经常组织学生到工厂、农村进行社会实践，组织春游、秋游。不少老师抱怨课堂教学时间不够，有的老师刚从别的学校过来，说在学校好不容易安定下来，活动又开始了，所以不适应。社会上应试教育愈演愈烈，我们的办学压力也越来越大，但我们必须得顶住，在这个十年中我们没有后退一步。南外仙林分校是供选择的学校，家长不选择，学校将很难生存。现在大部分老师、家长都已认同了我们的办学理念。教研室的一位领导曾说过："南外仙林分校太另类了，你们不要跟他们学。"但是最近他跟我讲："很多人都要向你们看齐哦！"这个时候我很欣慰，这就是一种进步！

2010年我们将校训改成"顺其自然"。词典上对这个词语的解释是"依顺事物的属性"，也就是按规律办事。我曾经在2008、2009年年底提出过这个校训，当时没有得到老师们的认同。有一部分老师还说："这太消极了！顺其自然，就是不管他了？"我说："你们怎么不从积极方面来解读呢？"但是到了2010年，我在学校做报告，讲到最后一个专题，我的题目就是"顺其自然"，举了一些例子，讲了"顺其自然"的重要性，最后我问大家是否赞同把我们的校训改成"顺其自然"？全场鼓掌，那我觉得就是通过了，大家都说"好"，这就是民选的，不是我个人定的。所以，很多时候很多事情，你坚定地去做，只要是正确的，不要怕它是少数，它会逐渐变成多数的。这个校训就是这么来的。

（二）校风：从"创新"走向"独立"

我们的校风是"民主、进取、开放、创新"。"民主"一开始就有，因为我们觉得现在学校仍然不够民主，很多小学校长、中学校长比较专断，特别是小学校长，所以我们把"民主"放在第一位。"进取"原来是"奋进"，后来我们觉得不要这么张扬，就叫"进取"。第三是"开放"，我觉得教育必须是开放的。我们的社会跟过去相比开放了很多，但是开放得还不够。开放不仅仅是留学，其实整个教育的开放，是教育观念的开放、课程的开放、教育方式的开放、管理的开放（包括人力的开放）。它是全方位的，我们要学习、借鉴国外好的教育理念和做法，所以我想，把"开放"列为我们学校的校风是绝对必要的。如果我们这样的学校都不能把"开放"列进来，就没有什么学校可以将它列进来了。第四是"创新"，不默守成规，在实践和理论两个方面勇于探索，敢于突破，注意提炼和总结，重视新经验、新理念。

我对现在的这个校风还不满意。因为我觉得独立是非常重要的，现在的校风还没体现这一点。我有一批老学生，是指我从1980年一直带到1986年，从初一带到高三的那一届学生。他们现在已经四十多岁了，我把他们这一批称为"老学生"。跟他们聚会的时候，我说你们毕业这么多年了，离开学校已二十年了，你们认为学校教育最重要的是什么？在你们的工作生活中，最重要的是什么？回答几乎都一样——独立。"没有人能帮你。其实有时也有人帮，但是你不要指望别人，学习的时候要这样，工作的时候也要这样，做管理的时候也要这样。你不要依靠别人，必须依靠自己。在家庭生活中也要靠自己，不要想着靠亲戚朋友。"我觉得这是非常重要的。对照在美国、欧洲的教育考察，我发现，欧美国家的基础教育，主要培养两个品质，一是诚实，二是独立。我们的教师需要有独立的思考、独立的人格、独立的工作能力，你培养的学生也应该有这样独立的意识、独立的思维，不能都是随大流。独立是创新的前提。所以，我最近就想把"独立"放进校风里。

（三）学风："自觉、自主、自信"

我们的学风是"自觉、自主、自信"，其实已经有独立的意思在内，不需要再去改。对这个学风，刚开始也是有很多人不赞同，认为这个"三自"有些重复。其实不是。所谓自觉，就是你要有规则意识；自主，就是你要靠自己；自信，就是相信干什么事情都可以干得更好，做到最好，这是一个递进的关系。到现在为止，我认为学风是除"顺其自然"校训之外概括得最好的。

（四）教风："求是、求德、求新"

教风也是六个字，"求是、求德、求新"，三个"求"。"求是"就是要实事求是，按规律办事；"求德"，就是要有师德，要有基本的职业道德；"求新"，就是不要故步自封。这个说起来还不错，但是我觉得这个教风还是比较普遍化的，将来还要改。这三个意思很重要，但是太雷同了。像校训、校风、学风、教风，应该是个性化的。我们的校训和学风很有个性，校风稍微弱了一点，教风就更弱一点，但是目前还没有新的提法。

（五）办学宗旨：办向人民负责的教育

我们的教育是为了优化人的素质，不要只看到升学率，要以人为本，做教育要对得起学生，要为学生的终身发展负责，要为一个家庭的长久幸福负责。这"两个负责"是我们提倡的，办这所学校，我们的教育宗旨一方面是为国家，为中华民族的伟大复兴培养人才；另一方面要为学生的终身发展负责，不能把他们送到高中、送到大学就完事了。所谓"为学生的终身发展负责"，就是现在的基础要打好，素质要优化，潜力要积蓄，不要计较一时一地的得失，还要为国家这个大家庭的长远发展负责。从这个意义上讲，十年前我就不太赞同"办人民满意的教育"这个提法，因为"办人民满意的教育"的提法是比较模糊的。什么叫人民满意？对很多家长来说，学校把他孩子送到他期待的学校他就满意了，主要是从升学来考虑的。但是我们不能这样做，一个学生在受教育阶段，无论是小学、初中、高中，他的全面素质要在学校里打好基础。为此，第一，课堂要改革；第二，改革要有时空的保证。否则，学生的素质发展就是畸形的，主要就是去应试，所以我们提"办向人民负责的教育"。

第四章　披荆斩棘，办学路上举重若轻

一、资金、师资、家长：民办学校三要素

像我们这样的民办学校，政府的支持是很重要的。若没有政府资金支持，完全靠我们自己，这就非常困难。当时我提出，办这所学校至少需要2亿。当时董事会只拿出1亿，各股东单位共出资7500万，南外还有2500万的无形资产，占25%，一共是1亿，其实真金白银就是7500万。事实证明，我的估计还是保守的，前后投资共3亿。也就是说缺口是2亿2500万，政府又不给资金支持，完全靠我们自己。面对这样巨大的债务压力，南外仙林分校自己贷款，一共贷了2.25亿，当然现在已基本还清了。在这个过程中，还本金的压力是很大的，还有那么高的利息。所以在筹建阶段，最大的问题就是钱，没有钱，什么都谈不上。我们收的学费，只能勉强维持学校的运转，包括支付教师工资、学校的水电费等各种开支。但是还本付息、留足学校发展资金、提高教职工待遇，这就完全不够了。所以后来我们就接受社会提供的赞助费，以解决资金缺口问题。

想要贯彻我们的办学理念，形成办学特色，师资是关键。广义叫师资，如果再细分，师资其实包括两个部分，一个是指教师，还有一个是指管理人员。教师从四面八方过来，如果教育理念不一致，跟不上，就不好办。学校的正常运转，整个教育理念的贯彻，全面的改革都要通过教师去执行。而且我们有相当多的教师来自经济落后地区，所以教师在观念上和能力上有很大差异。办一所学校，如果教师不行，这是很难办好的。当然，管理层也是如此。管理层要比教师更优秀，通过管理来带动整个教师队伍发展。而我们这样的学校，管理层干部普遍缺乏管理经验，这对我们也是一种挑战。

至于家长，是不是能配合学校，这个我考虑得不是太多，其实这个对不

少学校发展来讲，也是很重要的因素。大部分家长是要小孩升学的，他们认为升学才是硬道理。对于素质教育，按照有些人的说法，"花里胡哨"，家长会不会接受，其实是一个问题。但我不太担心，因为我们有理念上和实践上的自信，这是双向选择，我们选择你，你也可以选择我们，可以不来。

二、五项应对策略

（一）社会捐资助学

要想解决资金问题，首先要把学校办好、办出特色，这样才可能提高收费标准，接受社会赞助——捐资助学费。因为学费标准定了之后三年才能动，而且要报市物价局审批，不是你要提多高就提多高的。我们大概从第三年开始，就接受捐资助学费了。像这样的速度，一般学校是难以达到的，但是我们做到了。

实践证明，我们这样做了之后，教师的工资在稳步增长，教师的工作积极性越来越高，整个学校的办学经费问题得到比较好的解决。同时，我们还款的速度比较快。不但把利息付掉（每年利息最高的时候要交1000多万元），还一年还本金2000万元到3000万元，还的力度是非常大的。采取这样的措施以后，资金对我们来讲已经不是问题了。可以说，只要政府不干预我们接受社会赞助，我们就能很好地生存下去。我想政府也不应该干预，民办教育、私立教育的相当一部分收入是依赖社会赞助的。

（二）教师队伍建设

首先要提高教师待遇，我们学校的教师收入是全市最高的，原来南外跟我们差不多，但国家规范办学行为之后，我们学校教师的年薪比南外教师高出3万元左右，比其他民办学校教师高出2万元左右。现在全校专业教师有四五百名，师资队伍比较稳定。

面对教师素质跟不上的问题，我们采取的办法是对教师的教育观念进行密集的"地毯式轰炸"。在2003年开学之前，我们把教师招聘进来之后，20天内组织了30场学术报告，一天两场，第一场是我的报告，题目是"我的仙林之梦"，通过这个报告，起到一种凝聚人心的作用。主要讲为了办好一所学校，按教育规律办事，我有哪些梦想，这所新的学校应该是怎样的，等等。

我们还邀请了不同领域的专家到学校来做报告，有来自大学的、研究机构的，还有其他行业的。几十场报告对广大教师形成了非常大的冲击。大家赞同我提出的办学目标，就是"我的仙林之梦"。后来我知道，这场报告很多教师听了很激动，决定就在我们学校待下去。有的开始还比较动摇，没有拿定主意，听了报告后确定下来，这部分人一直坚持到现在。

以后学校每年都有16场报告，这已经成为一项制度。一般是在暑假的八月下旬，开学的前3天安排6场报告，10年来没有间断过。开学以后，每个月都有一场学术报告。我们请了很多专家学者来做报告，不限于教育，还有别的领域的。到现在做了将近200场报告。这么多报告下来，我觉得南外仙林分校的教师跟我们的理念应该是一致的，就是按教育规律办事。除此之外，我们每年暑假还有一个教育研讨会，包括教研组长、年级组长、中层管理干部，当然还有校长，100多人参加，已经坚持了9年。

在南外仙林分校很多事情很好办，这得益于我们持有一致的教育观念。首先，从第一年开始，我们举行了教育研讨会。除了听报告以外，我们自己也要研讨。除了学校这一级，在学部（小学部、中学部、国际高中部）也会有一定的研讨会。其次，学校有各种培训。所有新教师都要接受岗前培训。目前已经确定下来的是每年的7天培训，7天时间要有10场左右的报告，这是岗前培训。工作期间还有一些专门的业务培训，比如计算机培训，不管你原来在什么学校，会不会使用计算机，到这边来，必须按照学校的要求，每个人必须会做课件。当然，还有一些其他的专项培训。

我们学校也有一些开明的政策。教师参加与本专业有关的所有培训，包括学历培训，都给予经费支持。比如小学部某位老师过去是专科学历，现在要去进修本科，中学部某位老师要读研，相关费用自己付一半，学校报销一半，只要你把证书拿来，我们都会认。像这样做的民办学校可能很少。不少民办学校怕教师培养出来以后就跑掉了，我想我们可能要大度一些，如果我们这样做了之后，他一定要走，就让他走。我觉得，心如果不在，人也是很难留的。确实也有一部分人学完就走，尤其是前面几年，这两年是没有了。在教师的学习进修方面，我们坚决支持，这样做下来，目前情况比较好。我们小学部很多老师原来是专科学历，现在是接近百分之百达到了本科学历。中学部现在读研的老师也越来越多。读研是脱产进修，一般是利用星期六、星期天，有的是利用寒暑假，但是也要占用上班时间，主要耽误四五天课，这些我们都是同意的。

（三）董事会的支持与信任

当然我们还有其他方面的困难，就是老板干预的问题。在私立学校，老板几乎都干预，校长自主权是很小的。如果大家都干预，学校是很难办的，校长的指挥是不灵的，各项措施、安排都很难实施。我们的做法是，在董事会内部，尽量听取各位董事特别是投资方的意见。董事会主要做这些事情：决定校长人选，包括副校长，副校长由我提名后交董事会决定；决定招生计划和收费标准，编制预算和最后的决算，就是通过预算和决算；教师工资水平也是由董事会定的，具体怎么发由校长决定，工资总额要控制。此外还要控制学校办学成本，包括办公经费。当然，我要向董事会述职，就是汇报一个学期或一年下来学校的工作，这个述职是需要董事会评估通过的。

刚开始时董事会是有一定干预的，特别是对学校的人员编制，他们说我们定宽了，例如心理教师，其他学校是没有的。其实，心理教育非常重要，我们学校的学生整体状态很好，大的安全事故到现在没有发生，隐患是有的，但是到最后没有什么大的后果，我不能说这都是心理教研组的功劳，但是他们起了很重要的作用。我还聘请了一小批专家作为学校的智库，这是我坚定不移的做法。他们质疑这些人不上课，为什么要请他们？其实，他们不知道专家的重要性，专家是老师的老师，是学校质量和品位的象征，比实际操作者还要重要。

其实股东单位只要确保他的投资没有打水漂，投资效益比较明显，干预就不大。这所学校的最初投资是7500万，最终总投资达3亿，2亿多资金缺口由南外仙林分校自己向银行借贷。目前这些贷款已基本还清。就是说他们当年投了7500万，现在已经增值到10亿以上了。第三年之后，我就越来越有底气。现在，各股东单位代表、董事会成员看到了学校办学的巨大成绩，看到他们投资的显著效益后，对我们的管理十分信任，对学校的行政运作全力支持，完全不干预了。

（四）行政放权："不管就是最大的支持"

南京市政府以及栖霞区政府对南外仙林分校的具体办学基本不予干预，我觉得他们比较开明，这点要充分肯定。市政府和区政府，包括市教育局和区教育局对南外仙林分校是充分放手的，只在法律框架内管理，这很重要。公办学校不只是要接受来自法律的约束，还要接受行政上的管理。因为政府和教育主管部门权力很大，校长权力很小，学校就很难有较大的办学自主权，而我们就比较好，仅在法律框架内接受上级的管理。同时，我也不希望他们在行政上管我。我说你们要支持我，就不要管我，不管就是最大的支持，对市、区教育局局长我都是这样表态的。因为我们学校是民办学校，是按市场规律在运作，我们学校领导班子、我们的董事会是要对自己、对全体家长和学生负责的。如果说我们不对他们负责，他们就不选择我们，我们这个学校就要垮了。

"我们对自己负责"有两层含义，一是对我们自己的教育理念，或者说我们自己的教育理想负责。我们是为了"办一所好学校"这样一个共同的教育理想到这所学校来的。二是对我们整个的教育效果负责。如果教育效果不好，不仅耽误了学生，对不起家长，而且我们自己连饭碗都没有了。所有老师的人事关系在社保局，如果学校办垮了，老师们的工作就没有了，我们怎么会不认真去办呢？所以，我对教育主管部门说你们不要来管我，一些检查、验收就不要来了。据我所知，公办学校一年基本上要接受10—20项检查验收，我们一项也没有。但我也跟区里表态，如果市里、省里查你们的工作，你们觉得扛不下来的，你们交给我，我帮你们扛。我们也确实帮区里扛过，一次是食堂验收，一次是教育现代化验收，我们代表区里接受上级检查，都一次通过了。

（五）办好学校，赢得家长支持

关于家长，我就不多谈了，你只有把学校办好了，学生在学校过得愉快，应试成绩也很好，家长自然就不会有意见。有的时候，也有家长到学校来跟你谈判、交涉、谈看法——你们这课太少了，这样不行啊，等等。这个时候，我就跟我们学校的管理干部讲，你们硬气点，是家长办学还是我们办学啊？家长的意见可以听，正确的可以接受，也应该接受，但是我们觉得家长不正确的地方，我们要坚持我们的立场。所以，到现在，来自家长方面的干预是很少的。目前，家长到学校来提意见的，最主要是师资方面的，觉得他孩子班的老师不如那个班的，其实整体也不差，或者是他觉得这门课不行，基本都是这些。我觉得这也是可以理解的，家长不在整体上进行干预，这要相对好办一些。

第三部分

经营学校：
遵循规律，守住教育底线

- 我一直主张"不唱不跳，不是学校"。……尤其是小学生，游戏是非常重要的，干吗非要把他们按在那里死读书？

- 家长要了解我们学校的课堂教学情况，觉得自己听不懂，就把专家带来听，这个在我们学校也是可以的。

- 学习无疑是学一种方法，获取知识的方法，教是为了不教，学生现在学习是为了将来离开老师也会学习。

- 如果没有处罚，没有纪律处分，没有不及格，哪个学校能办下去？

第五章 "顺其自然"，立石为记

一、"顺其自然" 即遵循规律

"顺其自然"，词典上的解释是"依顺事物的属性"。做教育也好，做其他工作也好，都应该按照事物本身所固有的规律去做。如果不是这样，可能是花了很大的力气去做，最后效果不理想。当前基础教育的现实是，我们花的力气太大，从时间到人力、物力，投入都太大，但最后的效果很糟糕，中小学生的整体素质实际上是在全面下降。这说明它不是按照规律办事。大运动量、高强度的运作方式恐怕很难持续，就像国家的经济增长战略，如果靠大量地消耗能源、污染环境，而不是以技术求效益，这样的增长方式是不可持续。我在谈教育的时候，经常会谈到经济，因为教育的发展是离不开经济的。

中学语文有篇课文叫《庖丁解牛》，庖丁知道牛的身体结构，所以能做到游刃有余，还有音乐的节奏感。知道它的规律就很容易，不知道规律就很难。教育也是这样，你要了解它的规律才能做好，否则就很难。但是这个道理不是所有人都能认识到的。

知识分子的工作其实就是寻找规律，所以知识分子的工作叫研究，就是要学习，要反思，这是最最重要的。因为我做过八年工人、两年农民，我知道简单劳动不需要理论去指导，只要有人指挥他们去干，或者他们自己凭借经验去干就行了。其实优秀的工人、农民，他们也会去动脑筋的。这样的经历，让我觉得做教育和做任何事一样，一定要按规律去办事，这样才能够取得比较好的成绩。但是在基础教育领域，不合规律的操作已经是积重难返了！

"顺其自然"就是按规律办事，按规律做教育。我们有几个重要的做法，一是规范办学行为，这是我们的自觉行为，没有任何人强制我们，是我们自己要规范。当然后来国家层面、江苏省、南京市也出台了规范办学行为的一些规定，但我们并不是在规定下被动地执行，而是认为教育确实不能那么大运动量、高强度地去做，所以我们敢于率先取消星期六上课，严格规范办学行为。我们的高三、初三，在寒暑假、双休日、节假日一节课都不许上，也绝不会在外面借地方补课。据我所知，像这样做的学校是极少的。另外，我们不像很多学校那样，布置那么多作业。国家的规定是这样的，小学低年级不布置作业，小学中年级、高年级是半小时到一小时的作业量，初中是一个半小时的作业量，高中是两个小时的作业量。但在实际操作中严格执行的学校很少。据我所知，高中生在晚上九点钟就完成作业的是很少的，除非是你做得快，或者是学校对作业量确实控制得不错。现在很多中学生作业要做到十点、十一点，甚至更晚，要做的作业很多。我们的作业量基本上按照国家规定去控制，略多一点点，最主要的是还有外语口语作业，因为我们是外语学校，必须有一些外语口语作业。

现在各地学生的负担太重，上课太多、作业太多，严重影响学生的睡眠和他们的休息、游戏。这样的情况在全国已经不是个别或局部现象了，而是普遍现象。而且这样的现象持续时间之长，恐怕已经是十年、二十年了。现在整个中小学，特别是高中学生身体素质在逐渐下降。体育课已经变成"合法"的不长跑了。我们现在花了很大力气来做的一件事情是，我们要让学生、教师，特别是家长接受我们这样的观点，学生是未成年人，张弛有度、劳逸结合才是对的。其实在20世纪五六十年代，国家是非常强调劳逸结合的。现在有些地区为了拼升学率，根本不把学生的健康放在心上。我看到有些孩子那么小，天没亮就背个很大的书包到学校，天黑才回家，看得让人心酸。欧洲的学校基本在下午两点多放学，印度的孩子一点多钟就放学了。我在德国考察，基本上吃过中饭孩子就回家了，我是指小学生。法国要晚一点，要上到三四点，所以法国也受到欧盟其他国家的批评，其实他们下午也不上课，只是把学生集中在学校自学、游戏。我们国家的基础教育，如果再这样搞下去，这样的大运动量、高强度，不止整垮一代人，恐怕是两代人、三代人。学生哪有时间去锻炼啊！睡眠都不够，锻炼时间没有，游戏的时间也没有，在这样的环境中长大的学生，怎么行啊？除上课外，什么都不懂，对社会也不了解，对各行各业情况也不知道。

在课程设置上，我们与很多学校不同，他们给升学考试的科目很多课时，给非升学考试的科目很少课时，甚至是不排课，这个情况还是比较普遍的。我们不是这样。柯领在《中国的孩子全部输在起跑线上》这篇文章中谈到了人的发展，人的大脑两半球应该是协调发展的，不能够单独强化某个半脑。一般来讲，左脑主智商，包括知识、教育、科学、逻辑等；右脑主情商，包括情感、价值观、审美、运动、想象力等。从世界教育的情况来看，把智商放在一边，片面地去发展情商，几乎没看到，即便是在美国，他们实际上也是按照人的发展规律，让智商、情商协调发展，相对来讲，更重视情商一些。而我们国家的课程安排是偏左脑的，从小学开始就非常重视数字、逻辑、知识、概念，比较忽视德育、艺术、体育。到了中学再加上物理、化学、生物等学科反复强化，教育"左倾"的趋势十分明显。其实人的发展是按照躯体动作—外在感知—内在逻辑的顺序进行的。因此，过早过多地倾向智育，必将导致中国学生知识结构不合理、发展不协调，缺乏创新意识和后发潜力。针对这种情况，我们学校在安排课程的时候，对有利于右脑发展的课程给予加强和补充。

从学科设置来看，语文、数学、外语这三门通常被认为是基础学科，或者有人干脆把它们称为"主科"。其实"主科""副科"这样的提法不是很科学，但大家确实是这么称呼的。对所谓的"副科"，第一，我们要求必须开齐这些课；第二，课时要保证；第三，每个学科的老师都应该重视自己的学科。我曾经批评过一位历史老师，考试时学生只用二十分钟、三十分钟就答完题交卷了，后来我把这位老师请来，我跟他说："你是怎么命题的？你自己都不重视自己的学科，学生怎么尊重你的学科？怎么能把你的学科学好？"我们认为，所有学科都有其相对重要性，不要强调哪个学科更重要。

我听过杨振宁的学术报告，他讲的是"物理学和美"。物理学怎么美呢？一般人很难理解，而且杨振宁搞的是很高深的理论研究，但是听他的讲座很舒服。他的报告中经常会有一些画面，有的时候还有一些音乐，受他前妻杜致礼影响很大。钱学森也是，他的夫人蒋英是音乐教授。研究科学的人，比如像钱学森、杨振宁，在一个方面钻得很深，逻辑思维能力很强，但是他们需要音乐的滋养。音乐首先是整体感知。人在认识事物的时候，首先是形体，就是你亲力亲为，去接触，去动手，去实验；接着是整体感知，像音乐就是在整体上去感知；然后再深入到逻辑推理，去思考。所以，无论是钱学森还是杨振宁，音乐都给了他们非常大的帮助，使他们在考虑科学的时候有一个整体感知。像这样的道理，不是每个人都能认识到的。在教育行业，很多人认为音乐、美术、体育这些东西升学考试不考，究竟有什么重要的？其实它们都是非常重要的。这就是为什么欧美国家那么重视艺术和体育，他们领悟到，人的发展其实是全面的发展，不仅是逻辑思维的发展，还有其他很多方面，包括整体的感知、对美的理解、身体素质等。

这说明人的发展应该是全面的，但是学校大多数课程设置太偏重左脑的开发。我们学校在课程设置上下足了功夫，除了国家规定的必修课，我们有自己增加的必修课，比如心理教育、陶艺等，这些都是用来加强右脑开发的。另外，我们开设了大量的选修课，还有学生社团、校园文化节、社会实践等，我们以后要把这些发展成为课程制度的一部分，这些都是很侧重右脑开发的。我们学生非常喜欢学校，主要原因是什么呢？他们没有提到学校课堂教学，老师教得如何，数学学得怎样……而是因为学校开展了丰富多彩的校园文化活动、社会实践活动等，这些给他们的印象非常深刻。我觉得这是人的天性，本来这方面应该得到发展，但是整个课程设置里几乎没有，或者说很少，所以当学校安排了这样的课程，当然很受学生欢迎。通过这样一些课、一些活动，使学生能够张弛有道，不是一天到晚在那里上课、考试、做作业。这就是"顺其自然"，因为人的发展就应该是这样的。

就这个规律，我还想讲几件事情。比如接触社会，人是社会的人，所以，他必须要接触社会，要跟其他人打交道。他应该接触大自然，了解大自然。如果不是这样，他在这个阶段形成的世界观、人生观、价值观就是不完全、不科学的。这种事情一旦错过是弥补不了的，所以，我们学校一直强调课程设置里要给学生留有大量的游戏的时间、运动的时间、社会实践的时间。实际上按照我们所理解的，就是学生的发展应该要有这样的环境，如果你没有时空的保证，学生不可能形成相应的素质。所以，学生的游戏、运动、社会实践，不是现在不做，将来可以弥补的。没办法补，失去了就不会再来。所以，我们在学校要创设这样的环境，提供这样的平台给学生，让他们来展示。我一直主张"不唱不跳，不是学校"。有的老师说，"学生一天到晚蹦蹦跳跳，又唱又跳的"，意思是说没有给学生营造一种好的读书氛围。这种理解我觉得非常片面，学生是未成年人，即使是成年人还要劳逸结合呢，何况未成年人，其天性就是要动的。尤其是小学生，游戏是非常重要的，干吗非要把他们按在那里死读书？我的观点是，在学生时代，特别是在小学、中学时代，孩子们一定要接触社会、接触大自然，否则根本不知道别人是怎么生活的，社会是怎么回事，他们所形成的世界观、价值观、人生观又怎么可能是科学的、合理的呢？这也是"顺其自然"非常重要的方面。"顺其自然"作为我们的校训，就是按规律办事，在实践中规范办学行为。我们设置的校本课程，安排大量的社会实践、校园文化活动，让学生接触社会，这也是"顺其自然"。

"顺其自然"，体现在课堂教学方式的改革上，就是遵循人的认知规律。因为人在认识事物的时候，不是仅仅靠演绎、靠灌输，更多的是靠自己的发现，就是自主学习，然后在老师的指导下，跟同伴合作。对很多事情自己醒悟了、发现了，这样习得的知识才是容易迁移的。不要认为这样获得的知识在量上是很少的，这是一种认知的路径，按照这样的路径去做，可能学生认识的只是一个知识点或一个原理、一个定理，但是这样的方式使学生容易触类旁通，在学习其他内容的时候，这个过程可以参照。可是这样的过程并不被我们老师所接受，他们认为就是要讲，不讲学生就不会懂。我们现在上课的模式基本上是演绎式的，花的时间很多，看起来教的知识很多，但是学生真正掌握的不是很多，遗忘率很高，这也是我们要进行课堂教学改革的重要原因。课堂教学改革依据的是人的认知规律，这也是"顺其自然"。"顺其自然"就是要巧干，不要使蛮力。我们的教育也是这样，不要使蛮力。

二、"顺其自然"，贵在坚持

规范办学行为，刚开始是很难的。学校领导层、教师、学生，大家的认识是不一致的。比如课表规定减下来一些课，遭到很多老师的反对："我们原来学校都是10节课，起码是9节课，你现在只给6节课，我没办法教啊！"主要是数学、物理、化学，理科的老师，经常到教导处要课，觉得按这样的课时量没办法完成教学任务。如果你到课堂上去听一下课，可能也会发现，好像看起来蛮匆忙的，其实我觉得是因为题目没有选好。不能什么题目都讲，要精选题目，讲的时候详略得当，不能平均用力，关键是要教会学生举一反三。困难在于老师们不理解，他们这样做已经很多年了，现在让减课时适应不了。

但是我们是不会让步的，完成不了老师自己去找原因，学校不会轻易地给课时。我们甚至做过这样的事情，老师完不成，我们派人去听课，分析他为什么完成不了，帮他找原因。既然国家规定这么多课时，就应该是有道理的，老师完成不了，自己就要去找原因。现在很多老师已经习惯多加课时，让每节课容量减少，这实际上降低了教学的要求。我觉得我们很多老师、校长没意识到这一点。而像我们现在这样给这么少课时的学校极少。难是很难，但是我们会坚持，绝不会轻易地妥协。对此，不仅部分老师有意见，部分家长也有意见，"人家上那么多课，你们上课这么少"，说我们抓不紧，也有人把孩子转走的。有一次一位家长过来办理转学，我让他跟我讲一讲真实的原因，他说："你们抓得太不紧了，再这样下去，我的小孩要被耽误。"所以他把孩子转到了南京市有名的"抓得紧"的学校去了。但是，大部分家长现在已经逐步适应并且认同我们这样一种教育方式。

这个过程中肯定有很多人不理解。也有老师担心我顶不住，担心我们管理班子顶不住，我说这个你们放心，这不是我们一时心血来潮，这是依据我们对教育的认识和理解，是在按规律办事。所以，在学校里做行政工作的，很多情况下要坚持。你以为大多数人的意见就是正确的吗？不一定的。我们经常讲相信大多数，但如果认为大多数人的每一条意见都是对的，那学校就没法办下去。比如大部分人要求加工资，你如果问"你们还想加工资吗"，肯定大家都会说想加工资，但最终加或不加，要根据财力，如果财力不允许，当然就不能加。

课时这么少，并不意味着这儿的老师负担相对要轻一些。你要去问我们学校的老师，他们会说，"在南外仙林分校工作负担重极了"。为什么呢？我们要求高啊，除了正常上课，还有课堂教学改革、理想教育，还要做课题、写文章等，他们觉得压力大得很，所以说是"忙死了"。因为我们提倡现代生活方式，该紧张的时候要紧张，该休息的时候要休息，休息的时候我们不管，我们根本不干预老师。"让所有的老师和所有的学生有完整的寒暑假、节假日、双休日"，这就是我们的口号。现在有几个学校敢提这样的口号，而且能够兑现的？我们敢，这就是我们对教育的认识。尽管有那么大的压力，我们并不认为要屈从。所以我跟老师们讲，你们放心，我们已经是久经考验的。我们这几十年看得多了，不会因为家长有些压力，老师有些压力，就轻易放弃已经实践了这么多年的非常值得坚持的办学理念。

要问我们有没有压力，当然有压力，如果升学率真的下降，别人会说，"看你们搞花架子，一下把升学率搞下来了吧"，认为这是有因果关系的。但是，只要按规律去办事，最后结果也不会差的。比如高考，我们的高中录取分数线大约是640分。南京市高中录取分数线最高的是南师附中，大约在690分，每年基本都这样，比我们高50来分。我们的录取分数线在全市排名大概是第10到15名。我们在高中录取的时候很少有外校的学生来考，因为我们也不是太欢迎他们来考。所以，就搞了一个外语加试，这个外语加试一考，其他学校的学生就比较吃亏，很多引进教材内容他们基本没学过，这个一般在我们的考试里要占10到20分。很多学生不容易考出成绩来，当然很优秀的学生也能考得好，所以，我们每年录取的校外学生都是个位数，绝大部分录取的是我们自己的学生，所以这个分数线不是很高，大家也理解了。我觉得，很多初中学校拔苗助长式的大运动量、高强度学习，搞得学生后劲不足了，所以我们不是很想要这些学生。我们学校有个特点，到了高中，高一到高二不断有学生出国留学，另外我们有免试保送生，占学生人数的15%左右，剩下来的到了高三有40%是出国留学的。参加高考的学生还剩40%—45%。参加高考的同学，稳定在全市第六七名，而他们进来的时候，是十到十五名。

最近五年，我们参加高考的学生，比留学的学生入学成绩要低。有人说，你们安排"差学生"留学去了，让好学生都参加高考，所以你们的升学率就比较高。根本不是这样！如果说前三年有这样的倾向，就是在国内不容易上好学校的学生可能出国去了，但是从2008年开始，出于对国内大学教育的不信任，出国的学生越来越多，出国留学的学生越来越优秀。最近几届，我们把他们在高一的入学分数全部找出来算一算，基本上出国留学的学生的入学成绩比留在国内参加高考的学生平均要高5分，免试保送的学生跟参加高考的学生差不多。就是说，参加高考的这些学生完全可以代表整个南外仙林分校学生的水平，如果要细算，还可以再高一点。

我想讲的是综合升学率，除了参加国内高考的，我们还有免试保送的和留学的，而且我们留学的学生几乎都是到了国际名校。因为我们学校的外语水平比较高，学生在高二的时候雅思基本达到6.0分，高三普遍是在6.5分左右，高的到7.0分以上。托福成绩，高二的时候普遍在80分以上，高三在90分以上，当然有不少人考到100分以上。SAT①就是美国的高考，我们学校学生考到2000分以下就被认为是不大成功的。简单讲，我们学校是外语学校，而且是非常规范地按外语学校模式运作的学校，所以学生的外语水平普遍比较高，他们不论是参加语言考试，还是参加澳洲、美国的大学入学考试，都考得比较好。我们出国的这些学生绝大部分（起码是80%），进的是全美排名前100的学校、全球排名前200的学校。所以，把这三部分人加在一起，我们的综合升学率，二本以上在南京市稳居前四。有人说，"那你是靠外语"，我不否认这一点，这就是我们的核心竞争力。根据我们学校的情况，学生家庭经济条件比较好，外语水平比较高，所以我们要做的就是提供出国的绿色通道，这是我们的责任。刚才我讲的仅仅是普通高中，还有国际高中呢。国际高中的学生100%出国，这么多年没有一个出不了国的。虽然学生中考分数没有普通高中的学生那么高，但是他们最后去的学校反而比普通高中的还要好，应该讲，90%左右的学生到了全美排名前100、全球排名前200的学校。从升学的情况看，就是要按规律去办事，不要大运动量、高强度，这样即使应试也会取得很好的成绩，这个我们是非常有把握的。

---

① SAT，Scholastic Assessment Test 的简称，指学术评估测试，其成绩是世界各国高中生申请美国大学入学资格及奖学金的重要参考。

第六章　四项教育基本原则

"四项教育基本原则"是我们较早提出来，到现在仍然在坚持的。我个人认为，当前基础教育阶段，所有的学校都应该坚持"四项教育基本原则"，即面向全体学生、发挥学生的主体作用、追求有效率的教育和走开放教育之路。

一、面向全体学生

当前基础教育基本上是"精英教育"。和欧美国家的精英教育不同，我讲的"精英教育"就是眼中只看到学习成绩好的学生，这似乎已是普遍现象。重点学校、重点班、清华、北大、奥赛金牌、状元等，这些都是"精英教育"的体现。中国基础教育最大的问题是，忽视了大多数人。大多数中小学生没有得到应有的教育，因为我们把大量的时间、精力、师资和资金等都集中到少数所谓"精英"学生身上，这是非常没有道理的。所以，在基础教育阶段，面向全体学生，是一条非常重要的教育原则，也是教育的道德、教育的良心问题。什么是教育？可以有上百个界定，我觉得最规范的界定是：教育就是使每一位受教育者的素质得到全面发展。不是使一部分人，而是使接受教育的所有人，每一位受教育者的素质得到全面优化。不好说让学生各个方面都好，但是起码在各个方面要给学生应有的教育，当然还要有扬长避短的问题。但是现在我们的基础教育很难做到这一点。一分班，首先那些"其他学生"就被边缘化了；一分学校，那些所谓的二三流学校就得不到教育主管部门重视了，这个情况很严重。所以，我们在学校贯彻的第一个教育原则就是"面向全体学生"。我们的教育不是厚此薄彼，而是对每一个学生负责，面向全体学生。正因为坚持这样一种理念，所以南外仙林分校的很多做法跟一般学校不同。下面举几个例子。

（一）绝不办重点班

在小学和初中即义务教育阶段，我们绝不分什么快慢班、重点班、实验班，这么多年来从来不分。为此我们流失了一些生源。每年都有一些家长来问："你们办不办重点班？"我说不会办。家长说："如果你们办，我们就不走；如果不办，我们就到其他学校，因为其他学校办。"很多学校在办，虽然违规，但由于教育主管部门行政不力，不予制止，因而这种情况已司空见惯。虽然很多学校在办，但我们肯定不办，因为这是教育的底线，底线就是原则，原则问题是不能妥协的。所以，我跟这些家长讲，"我希望你们留下"，因为这些都是优秀的学生，"如果你们一定要走，我尊重你们的选择"。所以每年小学升初中的时候，我们会流失相当一部分学生。即便如此，我们肯定不会去办重点班，依据是，我没有看到一所学校因为办了一两个重点班就把全年级的教学质量带上去了。我只看到可能因为办重点班把这些优秀学生集中起来，这个班级会比较好。既然我们的教育是面向全体学生，所以在这个问题上我们不会轻易妥协，也不会因为要留住"好的学生"就办重点班，即便有生源流失，甚至是优秀生源流失，我们也在所不惜。

（二）取消"三好学生"评选，实施多元化评价

"三好学生"评选，我认为在20世纪50年代和60年代前期起过比较好的作用，因为那个时期办学思想比较端正。但是到了80年代之后，它就不能发挥当初希望发挥的作用了，违反了设立"三好学生"的宗旨。因为在应试教育背景下，"三好学生"实际上成了"一好"代"三好"。我曾问一些校长如下问题："有学生如果学习成绩非常好，那两个方面没有问题，这种学生你会不会给他评'三好'？"大部分校长坦率回答我"会"。"但是反过来，如果有学生身体非常好，或者工作非常好、品德非常好，但是成绩没过关，你会不会给他评'三好'？"大家都说"不会"。这就是现实。在应试教育背景下，学生评价是以学习成绩为主要的评判标准。所以"三好学生"评选也是这样，你学习很突出，其他两个方面没有失误，一般就会评上。而

有的学生在某些方面非常突出，他可能是二级运动员，甚至一级运动员，但如果学习成绩过不去，也不可能评上。还有那些在德育方面表现非常好的，学校会单项表扬，但绝不会评他为"三好学生"。所以，第一，"三好学生"的评选在"应试教育"的背景下是"一好"代"三好"，违背了促进学生全面发展的宗旨。第二，"三好学生"的评选实际上是在学生成长阶段就对他下整体结论，这是不合理、不公平的。从理论上讲，每个人的发展是有早有迟的，有的早慧，有的晚成。另外，每个人发展的类型也不同，有的逻辑思维强，有的形象思维强；有的口语表达很好，有的文字表达很好；有的在艺术方面发展，有的是身体运动素质突出；有的可能这些方面都不行，但是他人缘很好，凝聚力很强，大家都听他的，其实这就是领袖素质。所以，在这个阶段仅以学习成绩为主来评判谁是"好学生"谁是"差学生"，这就非常不公平。

有一件事情对我影响很大。我的那些学生，就是80年代我在南外做班主任把他们从初一带到高三的那一届，他们是我看着长大的。他们在毕业20周年的时候组织了一个聚会，海内外的都回来聚会，当然也要请我这个老师去喽。活动中有颁奖环节，除了颁给我一个终身成就奖，还要给其他人颁奖，主持人宣布："这几位同学（我看了一下大概有10位，我那个班有三十多个学生），在南外学习期间从来没有领过奖，我们现在给他们颁奖。"颁的奖都是大家事先商量好的，有什么长处就颁什么奖。我觉得这是对我工作的批评，他们当然没有这样想，但我已经领悟到了，教育就是要面向全体学生，看到每个人的长处。竟然有将近三分之一的学生什么都没被肯定过，这对我刺激很大。

我们做了太多"精英教育"的事情，过去我们眼里只看到考得好的学生、"三好学生"，特别是拿奖牌的学生，对于中间的学生比较忽视，对后面的学生不但忽视，有时候还歧视。对此，南外仙林分校在2004年就取消了"三好学生"评选，实行多元化评价。

多元化评价体现在6个维度，比如道德品质、审美表现等。6个维度共有18个项目，有的维度有5个项目，有的维度可能有两三个项目，学生进行自评、组评，然后是班级评，有的还有年级评和学校评这样几个层次。这个评价制度是我们老师创造出来的。每个学生必须被评到一项。也许他这一项跟其他人相比，不是最突出的，但是，对他自己来讲却是他最大的优点、长处，那么我们就要给予肯定。另外就是，每个人可以自报一项，推荐自己哪个方面好……这是我们老师在管理实践中的"天才创新"。

我们肯定每一个学生该肯定的地方。过去我们一般只肯定"三好学生"，其他只发一些单项奖。但是哪个人没有优点啊？每个人都有优点。现在通过多元化评价，让每个学生都发现自己的优点，同时也看到自己的不足，我觉得这真的是一个天才的创新。对那些确实优秀的学生，比如说这6个维度，他每个维度都有被肯定的，最多可以评8项。我们中学部授予这样的学生"彩虹奖"。"彩虹奖"分两种，一种是全面发展的，在6个维度都有突出表现；一种是单项奖，就是某个方面特别突出的，比如我们学校有些少年科学院的成员，他们有发明、有专利，这就非常突出了。前段时间《扬子晚报》登了我们一个学生，那么小就能够研究甲骨文，当然他有家学的影响，这就非常突出，可以授予他"彩虹奖"单项奖。我们学校建立了一个多元化评价体系，这个多元化评价体系是面向全体学生的一种非常好的形式。

（三）尊重学生参与权与隐私权

我们学校所有的活动和管理都强调过程，强调参与，参与是最重要的。六一儿童节，小学部的文艺会演经常是全班一起上，而且有的节目水平还很高，我觉得这个就很好。学校的很多活动，重要的不是你拿到几等奖，而是你是不是参与了。中学部还建立了"一平方米"责任制，就是每个人管一平方米，这一平方米的清洁、卫生由你管，这也是人人参与，面向全体学生。我们学校做很多事情、开展很多活动都非常强调参与和过程，并不是特别强调结果。比如像演讲节、演讲比赛，每个人都要参与。在班级每个人都要讲，然后选拔到年级，再到学校，这就体现了面向全体学生的原则。

另外，我们不允许以学习成绩排名次，并把它作为学校的纪律，就是说以学习成绩排名次在南外仙林分校是绝不允许的。绝对没有老师把学生期中考试成绩、期末考试成绩从第一名到最后一名全都排出来，即使是前几名也不允许排，因为我们认为这是违反纪律的。成绩是每个人的隐私。有人问："你不这样做，如果家长想要了解孩子在什么位置，怎么办？"我们也提供一些做法，比如公布第一名、第五名、第十名、第十五名、第二十名的分数，但是不公布名字，就像公布了一个坐标，这样家长就可以看自己孩子在哪一个区间，很清楚孩子大概是在什么位置。所以我经常讲，教育是需要智慧的。

（四）因材施教，不是平均用力

另外，就是要注意因材施教。面向全体学生，不是要平均用力。对学有余力的学生，老师应该给予更多的指导；而对一些学得比较吃力、学习有困难的学生，老师应该给予更多的关心。事实上在我们学校，老师对那些学得比较吃力、学习有困难的学生，可能关心得更多。我觉得这也是正常的，就像一个家里几个孩子，如果哪个孩子生病了，一定会得到父母更多的关照。在我们学校，我反而觉得对优秀学生的指导要进一步加强。

二、发挥学生的主体作用

"发挥学生的主体作用"，最主要的依据是，人和动物的区别就在于人有主观能动性，如果我们不能把这一点提到相当高的程度来看待，那人和动物还有什么区别？现在的教育往往重视教的方面，不重视学的方面，就是对学生的主体作用认识得非常不到位。在基础教育阶段，以教师为中心，不大考虑学生的主观能动性，课堂教学中"满堂灌"，班级管理中班主任包办代替。我讲的都是从整体而言，当然不排除在课堂上有一部分优秀教师，在班级有一部分优秀班主任，他们做得比较好。但是从主流来看，不足以发挥学生的主体作用，甚至很多是采取"取消主义"，比如在德育方面，能不干就不干了，能取消就取消了。据我所知，很多学校将春游、秋游改成了看电影，因为春游、秋游太危险；跳高、长跑等运动会出现安全问题，所以就把这些项目取消，有的学校干脆把运动会改成走路了；还有的学校取消社会实践这样让学生有机会到外面去看一看的活动，真是很可惜。类似这样的情况在目前的学校还是非常普遍的，学生的主体作用没有被调动起来。如果教育没有学生的积极参与，没有发挥他们的主观能动性，教育的效果是非常成问题的。所以，发挥学生的主体作用，也应该是一个非常重要的教育原则，下面我再举些例子。

（一）为公众服务，从小做起

我们学校的学生班干部产生方式几乎全部是竞选制。小学低年级学生刚入校，不知道什么是竞选，所以就采用轮换制，这几个孩子干一个学期，下个学期再换几个，第三个学期再换几个，让大家都有机会，这也是面向全体学生的做法。随着年级的升高，到中年级就开始采用竞选方式了。南外的竞选从1986年开始，一直到现在。南外仙林分校也是实行竞选制，小学低年级除外。我们所有的学生干部，包括学生会、少先队大队、少先队中队和班委干部，全部由竞选产生，这就是发挥学生的主体作用。

有些人不懂教育，批评我们说："每个学生都有一个官位，从小就灌输这种要做官的观念……"真是让人无语啊！像这样的做法，孩子愿意为大家服务，既不拿工资，又不可能腐化，怎么就不行呢？总不能大家都做班长，总归还有其他的位置。哪怕设一个桌长，他就管一个桌子，在这个桌子吃饭的人归他负责，有什么不好？室长负责管理一个宿舍里的6个同学，他能把这个工作做好，也不错！魏书生的做法是每个人都要有事情做，叫"事事有人做，人人有事做"，这就是魏书生的管理理念。其实不仅是魏书生，我们国家很多优秀班主任都这么做，像刚才那样的批评是毫无道理的。让大家去做事，至于给他们什么样的称呼，我觉得是次要的，重要的在于培养学生从小就为公众服务的精神。有的人把他当作"官"，那是老师的引导问题。

（二）民主选举，全员参与

小学有少先队员代表大会（简称"少代会"），中学有学生代表大会（简称"学代会"），我以学代会为例来讲讲我校的民主选举。首先，全员无记名投票民主选举学生代表，按10%的比例，一个班级基本上选出4个代表。不许搞"钦定"，不许老师指定哪个人，都是全员投票。60个班级就有240个代表了，这就组成了学校的学代会。学代会做什么事情呢？做以下四件事情。

第一，听取上届学生会主席的工作报告，代表要对这个报告进行投票表决。如果大部分人反对，学生会的报告没被通过，那么上届学生会的工作是被否定的。当然这种情况至今未发生。

第二，选举学生会的成员。怎么选呢？第一阶段是自由报名，每个人都可以报。我们学生会选举是在九月中下旬，很热闹，大家贴海报、拉横幅等。一般两人联手竞选，每个职位大概有十对左右，少的有五六对，多的有一二十对。这么多怎么办呢？我们采取的是全员投票的方式，就是参选人发表竞选演讲，大家都来投票，每个学生都可以投。投的结果是每个职位上只剩两对，这两对到学代会上再发表竞选演讲。演讲完了，学生代表投票，两对里选一对，当选的就是学生会的正式成员。整个选举过程非常民主，充分发挥学生的主体作用。唯一不允许的就是贿选。有的高一、高二的学生跑到初一去送零食，"吃完之后你们要选我哦"，这就是贿选，是不行的。大家可以看到，学校竞选的海报，刚开始贴得太乱，后来规定只有在一些地方可以贴，就没那么乱了。刚开始有的同学搞得太过分了，租气球挂在空中，太奢侈了，我们马上制止。除此之外，学生为了竞选需要做各种各样的海报，穿T恤，不穿校服，把竞选的口号和参选人印在T恤衫上面，这些都是可以的。

第三，审议志愿者协会的工作报告。2008年奥运会之后，我们南外仙林分校也有志愿者协会了。进志愿者协会不容易，要审查，一般有一百多人，他们是在校内外专门做好事的。

第四，给学校和学部提出全面的意见和建议，而且学校相关部门的领导要到场答复。比如我们的总务主任、教导处分管教学的主任和分管学生工作的主任，要到场答复，这就是学生在行使民主权利。我想这是我们学校法制建设、民主建设的一个步骤，也是发挥学生主体作用的重要步骤。

另外，在班级管理体制改革中，学生进入班级教育小组参与决策，跟教师一起商量班级的大事情。在课堂教学改革中，实行自主、合作、探究，开展小组合作学习，这也是发挥学生的主体作用。学校工作要广泛听取学生的意见，学校的所有活动、管理都应该以学生为主，如班级的主题班会应以学生为主，让学生参与决策，在操作的时候，特别是中学，几乎都应该由学生来承担。我们不希望看到教师在这些场合过多地出现，所以我们学校的主题班会基本上是学生在主持，学生在发言，特别是在中学。这些都是给学生机会，充分发挥学生的主体作用。

三、追求有效率的教育

　　第三个教育原则是"追求有效率的教育"。从管理学角度看，现代教育最主要的因素就是效率。每个老师也是这样，要讲效率，不要打疲劳战。学校教育不能用"死搞"这种笨办法，我讲过不止一次，这是资本主义初期的劳动方式——延长劳动时间，加强劳动强度。现在很多学校就是干这样的事情，老师布置很多的作业，学生不停地做作业。这种做法真的不是现代工作方式、学习方式，而且效果非常不好，把学生整得非常疲劳。我上中学的时候，老师要是这样，我肯定抗议，甚至不来上学了。假如一天到晚就是上课、做作业、考试，真的是受不了。我上大学的时候，有些老师喋喋不休地讲那些大家都知道的事情，听他干什么呢？书上有的东西讲它干什么？我要听的是书上没有的。现在请一些专家来学校做报告，我都会跟他们讲：请你们讲一些没在报纸杂志上发表过的那些内容，讲一些你们自己的观点。

　　所以我们评价教师，是不是也要改变一下标准，不要一表扬教师就是老黄牛式的，就是带病工作的。我说带病工作，对你自己、对你家人、对学校都是不好的。带病工作，耽误了治疗，对你自己是不是不好？你倒下了，对你的家庭是不是不好？你倒下了，别人代你的工作，对学校是不是也不好？所以那种传统的观念真是要改变。我们学校提倡教师要是生病了就休息，等恢复健康了再回来更好地工作。我们不鼓励带病工作，不鼓励加班加点，那叫没效率。在规定时间内提高工作效率，不要打游戏、聊天。但是下班以后就不要在学校加班，学校也不会给加班费，低效率真的是不鼓励。除非有的时候是特殊安排，实在没办法了，时间要求紧，不完成不行，经过批准，可以加班。其他加班，一概不鼓励。我们评价教师，如果在同样的条件下，单位时间内谁的工作成效好，谁就是优秀教师，我想这个应该没有问题。但是反过来第二种情况，很多人就不敢点头了，就是效果是一样的，谁投入的少，谁就是优秀教师。有人说，你这不是鼓励偷懒吗？我想说的是，如果就这么多时间，他干的效果不比你差，他难道不是优秀的吗？他如果再投入一点，会干得更好。

所以，应该改变对教师的评价方式，要鼓励大家提高效率，讲求效益。我们学校是到时候下班，到时候放假，到时候就散会。五点钟全校放学，七月一号全校放假。能做到这样的学校现在是少之又少，但是我们能做到。要做有效率的教育，不要在那儿拼时间，拼体力。我们是敢讲这个话的，我又提那个口号了，"让所有的老师和所有的学生有完整的寒暑假、节假日、双休日"，以此来保证我们的效率。有人问我："星期六、星期天，你能休息吗？"我说："我能。"他说："你怎么能够有休息时间呢？"我说："我怎么就不能有呢？我们认为没有必要加班，所有人都要休息，我校长不带头休息，人家敢休息吗？"这就是"有效率的教育"。对教育来讲，我觉得一定要有效率，尤其我们现在的基础教育，工作量太大、上的课太多、布置的作业太多、上学时间太长、效率太低，一定要改变这样的状态。

四、走开放教育之路

（一）全面开放——开放教育四层次

我现在讲的"开放教育"不光是留学，留学只是开放教育的一部分。我认为我们整个教育都应该呈现出一定的开放性。从管理学的角度来谈，一个系统如果不能完全开放，那么它就不能成为一个系统了。任何一个系统都不能是完全封闭的，否则它根本就不知道这个行业发展的情况。社会对教育有很多影响，我们学校要接受社会的"辐射"。所以，学校不能完全封闭，要有相当的开放性。我对教育开放的理解应该是比较宽泛的。具体来讲，我觉得教育的开放有四个层次。

第一层次，课堂开放。

这个开放有两层含义，一是课堂教学方式，要由封闭的灌输型向"自主、合作、探究"的开放型转变。二是课堂不能只是一个老师在里面，要向同行开放，向家长开放，向社会开放。就是你要习惯同行来听课、家长来听课、社会上其他行业的人来听课。在南外仙林分校，老师们创造了一个"推门听课"的概念，不是"敲门"，更不是"你没有经过我同意就不可以来"。比如我们管理层来听课，有提前打招呼的，也有不打招呼的，不打招呼的就属于"推门听课"。我们每年都有若干次，中学有两次，小学大概有四次向家长开放，就是全体教师的课家长都可以听。比如你是小学五年级的家长，你可以听本年级的课，也可以听初中的课，跨年级也可以听，你甚至可以带人来听。我们现在甚至有家长把当地教研室的教研员、特级教师带来听课的。因为我们学生来自各地，家长要了解我们学校的课堂教学情况，觉得自己听不懂，就把专家带来听，这个在我们学校也是可以的。我们学校经常有其他省、其他城市的教育考察团来，他们提出要听课，我们从来不会拒绝。只要能提前一天告知，我们都会安排。

第二层次，走出课堂，走向校园。

这一点非常重要。现在很多学校很多老师，把学生摁在课堂上、座位上，学校的体育设施、艺术设施、科技设施不向学生开放，也没有时间安排学生到户外去。因为课安排得非常多，课一多学生就宅在教室里。甚至有的学校中饭后的时间也把学生摁在教室里。这可是人家的自由活动时间啊！我们学校也有少数老师干这种事情，我跟他们讲，吃过中饭学生要到宿舍或是操场都不用管他们。要让他们活动，包括散步、做游戏、看小说等。但最好不要做剧烈的体育活动，踢球、打球出一身汗再坐到教室里去，影响上课，这不好。所以校园开放，或者说推进第二课堂要有时空的保证。如果没有时空的保证，把学生的时间全占满了，学生全在那里补课、写作业，还要开展第二课堂，这不是骗人吗？我们强调第二课堂，比如我们的六大校园文化节、选修课、社团活动，必须要有时空保证，配备专门的教室，包括学校的体育场地，音乐、美术、科技教室和实验室、机房，都向学生开放。这是开放的第二个维度。

第三层次，走出校园，走向社会。

参加社会实践，走到外面去。我们目前大概有这样一些内容，一是社会调查。小学有红领巾社会调查，中学每个年级都会安排一定的社会调查，特别是高中。二是到部队、到工厂、到农村去实践。到部队是大家都要去的，其实就是军训，这个已经不稀奇了，因为几乎各个学校都有，但是到工厂、到农村实践其他学校就不一定有了，我们是一定要安排的，学生停课三天去实践。实践完了每个人都要写体会，因为是作为课程。除此之外，我们学校有超过1000名学生在外面做社会义工，从小学到高中都有学生在做。2010年我们被评为"先进慈善义工团体"，是全市中小学中第一个评上的。我们每年都有很多学生，一分钱不拿，在外面卖报纸，在地铁站引导，到农民工子弟学校做外语口语的教学，还有到养老院、孤儿院、胸科医院、脑科医院等做义工。还有其他一些爱心援助。"走出校园，走向社会"，还包括我们的春游、秋游，我们的春游是走着去的，中学生走20公里，小学低年级学生走4—5公里，小学高年级学生就走10公里。这都是走出校园、接触社会、接触大自然。

第四层次，走出国门，办学国际化。

关于国际化的问题要讲的有很多，这里主要讲三个方面。一是办学理念，我们非常注意吸纳国外的先进理念，这是教育国际化，也是开放式教育。二是借鉴国外开放的教育方式，比如导师制，我们以班级教育小组的方式把导师制纳入进来。还有像我们的竞选制，也是从国外借鉴过来的。三是课程，我们借鉴了很多国外的课程，我们除了非常重视外语，还重视"做中学"、心理指导课，我们那些选修课程、活动性课程、社会实践课程，很多也是从国外借鉴过来的。还有学校之间的交流，我们大约有十几所"友好学校"，双方定期进行实质性的交流，互派教师和学生，我们过去一两个星期，他们过来一两个星期。当然还有其他的形式，比如说留学，我们每年至少有10个学生，最多的时候有29个学生，到国外去学习一年再回来，这也是开放，这是中期留学。短期就是出去一两个星期，纽约、墨尔本、德国我们都派学生去过。

（二）对外开放——国际高中项目

现在的中国经济整个市场已经对外开放了，我们是把教育的开放和经济领域的开放联系在一起的，所以教育的开放是必然的。事实上全世界的教育日益融合，特别是最近这些年我国发展比较快。但是到目前为止，我认为我们的对外开放还不够，我们不是开放得太多，开放的面太宽，而是开放得还不够，开放的面还很狭窄。

国际高中是21世纪新出现的办学形式，20世纪几乎没有。南京市最早的国际高中是在南外，他们的中加班是和加拿大合作的，比我们的早两年。我们的中澳班是2005年创办的，我们学校是南京市第二个创办国际班的学校。目前，我们的国际高中有四个项目。

第一个项目是中澳班，是我们和澳大利亚维多利亚州（澳大利亚最发达的两个州之一，简称"维州"）教育部合作的办学形式，叫VCE①，是维州高中课程班的缩写，是我在2004年与维州教育部官员会谈建立的项目。这个项目的特点就是学习维州高中全部课程，他们派教师过来，当然他们也可以在全球招聘英语教师加以培训后派过来，我们只负责一些中方的辅助课程，比如语文课、体育课等。学生学完参加维州的高考，不参加中国的高考，最后颁发维州的毕业文凭。当然你要通过语言考试，雅思不能低于5.0分。然后学生申请澳洲的大学。当然也可以申请美国、英联邦的大学，VCE的文凭美国、英联邦都承认的。我们从2005年开始招收第一期20个学生，每年都在增加，现在每年能招到4—5个班，100—140人，这是我们国际化办学的主打项目。很快维州教育部考试局就授予我们VCE课程的"中国大陆总示范学校"，将我们看作澳大利亚在中国的学校。

说起来可能难以置信，墨尔本大学在中国招的学生，我们学校占近一半，我们的学生考过去，80%—90%上的是五星级大学。大学分星级的只有澳洲，澳大利亚把大学分成五星、四星、三星，三星以上是本科，五星是他们最好的大学，一共8所。8所里面有5所是更好一些的，就是墨尔本大学、澳大利亚国立大学、悉尼大学、新南威尔士大学和莫纳什大学。我们的学生绝大部分是在这5所大学，这些大学全部名列全球前一百。

第二个项目是中德班，是2008年建立的中德合作项目。我们在中国招收学生，学生在南外仙林分校学习德语的A1、A2、B1、B2等级，通过德语的B2后直接进德国的高中班。在德国，小学四年级后就分流了，大部分学生将来是读职业教育的。当然，德国的职业教育是非常发达的，德国的高中叫文理学校。

---

① VCE，Victoria Certificate of Education 的简称，指澳大利亚维多利亚州的证书教育，这个毕业证书颁发给成功完成维多利亚州大学预科课程（高中）的学生。

　　他们的文理学校分为两种，第一种是三年制的，毕业之后进入技术性大学，大学毕业之后就可以到相关公司去做工程师，不是做工人。比方说，学生高中毕业之后进入斯图加特飞行学院，学生在学校学习、在工厂实习，学习三年毕业之后就当工程师，工作很好找，技术性大学相当于工科。第二种是四年制的，学生毕业后可以进入德国的大学，读文科或理科，大学也是三年。

　　我们中德班学生B2等级考试通过了，相当于把他们高中一年级读完了，再过去读剩下的两年或三年，若选择三年的学校就再读两年，若选择四年的学校就再读三年。德语是很难学的，要比英语难学，中德班的学生真的是蛮苦的，他们不但一周要学25节德语课，还要学英语。所以德语班的学生，我们在录取的时候要求要高一点，当然外语加试要达到要求，一般是90分（满分是120分），我们的外语加试是比较难的。这些学生进来之后，经过一年的学习，绝大部分都达到了德语的B2等级。德国人很震惊，因为像英国、法国这些国家的学生到德国去还得学习一年，他们比我们学起来要容易，但是有很多人达不到B2等级，而我们的绝大部分学生能达到B2等级。我们去德国的学生全部进入了他们的文理高中，这也是德国人没有想到的，能够达到如此高的水平。B2等级就是能直接用德语听课，也不是一点障碍都没有，因为到德国去学习，面对的全部是德国老师，根本没有人说中文，第一年要是能够听课是很不容易的。德国跟美国、澳大利亚还不同，它把学生分在很多不同学校，不会让你扎堆。中德班二三十个人过去，分在十几所学校，每所学校原则上不能超过4个人，学校生源多元化。德国跟许多国家是不同的，除了不允许扎堆，还有就是差一分也不行，就是A1、A2、B1、B2等级考试，59分就是59分，你就得再补考，而且A1不允许补考，如果你B2通不过，就不许进班，很严格的。如果你在那里读了一年、两年还是不行，他们就把你退回来，很严格的。所以想要到德国留学的，我们建议家长和学生都考虑清楚，能不能吃这个苦。当然你能通过B2等级考试，能在德国读书是很好的，德国中学的学费不低，但也有区别，大学全部免费，本科只要读三年。

　　中德班是2009年开班的，一年招三十几个人，今年会多一点，可能会有四十几个人。德国人很古板，就招这么多，人再多，他们也不要。我们有一位毛博士，北京人，八十年代末去的德国，已是德国国籍了，她负责在德国把学校联络好，一所一所学校地跑，让这所学校接收两个，那所学校接收四个，我也跟她过去跑过几所学校。学费一般学校是2—3万欧元一年，最便宜的是教会学校，一万欧元一年。所以它的中学收费相对比较高，但是最好的学校就是3万欧元一年，比美国的学校便宜，美国的贵族学校一般是4—5万美元一年。我们的学生过去之后都到了比较好的学校，大部分学生都能够坚持下来，符合德国人的要求。

第三个项目是"大中美"。就是在高二小高考结束后组建中美班，参加美国的ACT考试。考试满分36分，这是美国的大学入学考试，美国有3000多所大学承认ACT考试成绩。"大中美"班的学生在我们这里经过一年的学习，然后参加托福考试、ACT考试，同时还要学习GAC①这样的大学先修课程。现在流行的国际班，生源较好的普遍安排先修课程，这个课程进了大学以后可以抵学分。大学会认为这样的学生更有潜力，不但把SAT、ACT学好，还能学习先修课程，录取的时候会优先考虑。美国的大学一律要求学生有高中毕业资格，德国和澳洲不是。这个班一般是二十多个人，多的时候三十多个人。我们学生的ACT考试成绩比美国本土的学生一般要高5分，美国本土学生平均考21—22分，我们的学生基本上在26—27分，全部被全美排名前100名（大部分是全美排名前70名）的学校录取。

第四个项目，我们称为"小中美"，就是学生初三毕业进这个班。为了这个班，我在美国待了十多天，跑了7所学校，其中4所高中、3所大学。有一所高中是美国沙特克圣玛丽高中，全校只有几百个学生，4个很大的冰球馆，还有1个室内足球场、2个室外足球场。我去看的时候，有女孩在踢足球，她们是全美足球冠军。大学呢，到的是杜克大学、纽约大学、北卡罗来纳大学，北卡罗来纳大学就是打篮球的乔丹的母校。我每到一所学校，中学都是跟校长见面，大学则是跟国际部主任见面。他们都跟我讲，他们已经接到美国国务院的通知，让他们关注中国留学生的申请材料，因为造假太厉害。所以美国比较好的学校都要加试，比如说谈话，两三个导师与七八个学生在那

---

① GAC（Global Assessment Certificate，全球评估证书）/ACT（American College Test, 美国大学入学考试）预科课程，是美国教育委员会与澳大利亚高校根据母语非英语国家高中二年级结业以及高三毕业后的学生进入美国和英联邦国家大学存在的语言和学科知识差异而制定，帮助学生在本国完成国外大学预科课程的学习，突破英语障碍，顺利进入国外正规大学而开设的课程。

里进行讨论。有的学生一句话也讲不出来，不知道他是怎么考的。事实上，很多中国学生的外语是"哑巴"外语，交流有一定的障碍。我们考虑到这个情况在未来可能会越来越严重，美国的学校会更加关注这个事情，准入门槛会更高，所以我们决定办这样一个中美班。

中美班跟现在南京、上海的中美班不同。我们的中美班，第一，不像很多中美班先学习语言，再参加美国的考试、申请美国的大学，我们不是这样，我们安排的全部是美国的高中课程。第二，全部教师由美方派来，他们还派出职业指导教师。后一种教师岗位的设立在美国是一项制度，在中国高中是十分缺乏的。我接触了两位这样的美国老师，他们不上课，就跟学生谈，"谈谈你是什么情况"，"说说你的童年"，"你对什么感兴趣"，等等。所以学生跟他们十分亲密，然后他们建议学生选什么专业，考什么学校，不像我们这边首先选学校，很盲目。他们首先是选专业，判断哪个专业好，学校是其次的，我们是倒过来的，首先考虑学校，对于很多学生来说，只要能上，即使是自己不喜欢的专业也会把清华、北大列为首选。第三，颁发美国高中毕业文凭，当然州里是要盖章的。第四，我们不写推荐，由美国校长和教师写推荐。我们学校确实有很多慈善、社会实践等，有些学校没有但也照样填写，这就是造假。

我发现，美国人跟欧洲人都有两种很重要的品质。第一是诚实，不讲假话，多少分就是多少分。第二是独立，非常强调独立。现在我们申请美国大学的学生越来越多。只要我们把好招生关，严格按照双方约定的去做，前景应该很好。

这就是国际合作办学的四个项目。总的来讲，我国的国际高中发展得不是太快，而是发展得不够，当然规范还是需要的。

（三）坚持主权——合作办学三准绳

一是国际合作办学要坚持主权。这个很重要，就是要按照中方的规矩办事，必须是这样。我举一个例子，比如说中澳项目，我们有位外教，50多岁的女士，可以说是澳方的校长。我们因为过节放假调休，学生要连着上7天学，他们就是不同意，说你们为什么让学生连着上7天学？我说你现在在中国，你要按照中国政府的规定办。还有一次，她来找我，坚决要求放假，我说现在没假可放啊。她说，这是我们澳洲的橄榄球节。我说橄榄球节在澳洲，我这里没有橄榄球节，不好放假。我们必须坚持中方的主权、中方的管理，这并不是说我们那么僵硬，在有些方面也要尊重外方，只要是不违反法律法规的，都好商量。

二是要加强双方的深度合作。中外合作办学过程中会遇到文化、理念、方法方面的冲突。比如，中德班的家长干过这样的事，孩子考59分，他非要跟德方的老师闹，"你为什么不能多给1分？我们国家的高考也是给的……"我知道，我们国家高考是没有0.5分的，0.5分全部进成整数……一直闹到德国教育部。德方问我们这是不是你们学校的立场，我们说不是，你们该是多少分就给多少分，学生不及格就补考。这就是不同的文化有不同的做法。还有，中澳班该留级就留级，改分数是绝对不会的。他们这几个班也有留级的，这也是我们双方约定好的，必须严格升级、留级制度，严格管理，做到双方意见一致。经过这么多年的磨合，我们中澳班的中外老师是坐在一个办公室的。我们有越来越多的老师可以用英文上课，比如数学课可以用英文上，外教生病了，我们的老师可以代他们上，加快合作的步伐。

三是国际高中必须严格管理。因为国际高中的生源跟现在的热点高中相比是差一点的。如果没有严格的管理，学生不认真学习，是没法完成学业的。有些家长认为，我孩子成绩不好就出国留学，这就搞反了，学不好，你在国内的大学还好混，你到国外的大学是很难混的，别说毕业了，连门槛也进不了。有的中国学生在语言学校读了三四年，还是进不了国外的大学。语言学校一般读一年，美国那些语言学校反正没有什么门槛，你过去读就是了，反正他们赚钱。我们学校送出去的学生，基本上都是直接进入本科的。

（四）发展定位——外向型学校

ILP①是美国的一个项目，叫作"浸入式教学"，就像完全泡在水里一样。这个"浸入式教学"在中国很少，我们引进了这个项目。一个班7个美国老师（其中有一个人是组长），一个美国老师只管6个学生。里面有小卖部、小餐厅、小邮局……仿真的情境教学，全是跟餐厅有关的单词。这些学生都

---

① ILP，International Language Program 的简称，指美国国际语言组织项目。

是小学一年级的，从没学过英语，汉字也没认识多少。学生进来后每20分钟换一个情境和老师。星期一到星期五的每个下午，一个下午两个半小时。我们小学有ILP，初中以后可能要引进小SAT，高中有中外合作办学，学生从小就接受和国际接轨的教育。

跟其他学校不一样，我们要建立一所外向型学校。这个说法可能会遭到有些人的质疑，怎么是外向型学校？你要为外国培养学生？不能这样理解。我们会有很多的学生出去留学，或者说我们绝大部分学生是出国留学的。我前面讲过，最近十年出去留学的学生，百分之八十都回来了。在这之前，特别是20世纪，绝大部分是不回来的，但是即便不回来他们还是中国人，他们在当地还是在为中国工作，会为中国出力的。邓小平曾经讲，不回来就不回来，他们是中国血统，血浓于水，这个是永远不会改变的。你会发现，到了国外会天然地爱国，真的是这样，都希望祖国强大。我们培养的学生绝大部分是回来的，因为在国外会遇到金融危机、社会动乱，国内的机会相对多一点，尽管国内大学生就业不太好，但从国外回来的，相对竞争力会强一些。有些学生会留在国外，但他们一定会为中国的改革和发展做出贡献。这些都是我们学校对国际化办学的领悟，比一般学校要体会更深，而且身体力行，全力去做。所以，从这个角度来说，我们学校将来一定是外向型学校。

第七章 三项中心工作

我们认为，现阶段基础教育在德育领域的中心工作是理想教育，而不是养成教育。在教学领域，我们认为课堂教学方式的改变是中心工作。在管理领域，现阶段班级管理体制改革是中心工作，这就是三项中心工作。

一、理想教育，德育之纲

现在小学、中学都非常看重养成教育，当然还有爱国主义教育等。我们认为，养成教育是底线教育，做一个有教养的、懂规矩的公民，这是十分必要的。但是，我们觉得德育如果只是依靠养成教育是很难深入推进的，整个学校教育更难靠养成教育带动起来。我们认为理想教育是德育的纲，做工作不是要纲举目张吗，如果不抓住纲，我们做很多事情是会事倍功半的。为什么这么说呢？人是社会的动物，他必须有一些自己的思考、追求、目标，如果没有这些是不可想象的。

现在有中国梦，特别是年轻人，他们的路才刚刚开始，这些中小学生应该是最有梦的，如果说没有梦想，没有理想，他们的行动就是比较被动的、盲目的。所以，要想往前走，你就要有追求，有理想，在现实社会中要有目标。

学校是一个正面教育的机构，这应该是明确的。如果连学校都不能做到正面教育，这个社会还有什么希望？学校，尤其是中小学面对的是未成年人，我们要把社会的规范告诉教育对象，通过训练，使他们具备相应的品质。这些未成年人，他们在人生道路上刚起步，我们要点燃他们的梦想，使他们拥有自己的理想、目标，并为之努力奋斗。这就是我们把理想教育列为学校中心工作的原因，它是德育工作的纲。有了理想，有了目标，学生就会有顽强的意志，不会轻易地认输。有了目标就会十分地坚定，遇到困难，就会自觉地去忍受这些苦难，运用智慧，去战胜困难。有了目标，在主体上才是一个积极的人，否则，很多事情都会很被动，效果也不好。所以，我认为，学校教育最重要、最核心的就是理想教育。

（一）八大途径——让理想教育落地生根

理想教育对于青少年儿童是极其重要的。但是一谈到理想教育，很多人就会说，你这个是空的，是假的，是虚的。我觉得其实不是这个样子，理想教育有很多层次，曾经长时间被拔高到社会理想的层次——实现现代化，实现共产主义，甚至解放全人类——这个口号不是没提过。其实，理想教育过去没做好，就是讲得太空，忽略了人是一个自然的人。我们认为，理想教育应该从空中回到地面，要扎扎实实地从小事做起，从每个具体的人做起，考虑到每个人的切身利益，一步一步地提升理想教育的境界。所以，我们在做这项工作的时候，绝不是只停留在一般号召，在道理上讲一讲。在这个过程中，全校包括小学、中学、国际高中，已经创造出很多很好的做法。我们制定了学校不同学段的理想教育纲要。在不同的年级，理想教育的内容、目标都不同，但是不同年级是衔接的。这么多年下来，纲要已经经过了多次修改，现在中学是第四稿，小学是第三稿。具体内容包括理想教育的目标、内容、途径等，我们最看重的是途径。老师们从八个方面探索出了理想教育的实施途径。

一是目标引领系列。目标引领系列是最重要的途径之一。要实施理想教育，首先不同年级要有自己的目标，包括远期目标、中期目标、近期目标。很多人认为理想教育是空的，理想教育主要讲大道理，实际上我们不是这样操作的。我们每个学生要有自己的近期目标、中期目标，甚至有的学生，尤其是高中生，还有远期目标。我们小学部创立了"目标理想三力合一"，就是学生、家长、老师三方坐下来，为每一个学生确立近期目标、中期目标。小学生我们一般不提远期目标。同时还要讨论实现这些目标的具体措施，因为光有目标，没有措施，很难去兑现。然后三方合作，以学生为主，落实这些措施，实现这些目标。初中生更进一步，把目标以目标卡的形式挂上墙。

一旦实现了这个目标，就把颜色换掉。目标卡适合小学生和初中生，高中生不适合，因为不同年级学生心理特点不同。在高中我们有模拟人才市场，我们学校的家长资源很丰富，很多家长把他们公司的人力资源部派到学校来，为学生设计招聘的情境，学生制作求职表，和招聘的人进行洽谈，看是否能被录用。我们跟用人单位讲："你们也不要降低标准，按照你们单位的标准来录，录取就是录取，没录取就是没录取。"南京市曾在我校举办过理想教育现场推进会，我们全校100多个班级，全部是开放的。高中是按年级的，有三项内容。一个是模拟人才市场，大概来了40个单位，还有广告。学生都穿着校服，排队，洽谈，最后有的学生能拿到两三个录取通知书，有的学生一个都拿不到。一个是模拟联合国。模拟联合国活动我们学校已经做了好几年了，它是以南大为背景，很多大学和中学都过来了。学生在模拟联合国全是用英文发言。还有一个是辩论会，就像亚洲大专辩论赛那样的。

二是班会、晨会系列。一般学校都有班会、晨会，我们学校不同的是，每个月必须有一次以理想教育为主题的班会或晨会。而所有这些都是有专人去策划的。学生参与策划，教师做指导，基本上都是以学生为主角的。

三是阅读系列。就是看书阅读，学校、学部和图书馆会定期向大家推荐要看的书。各学段的纲要也有规定，每个年级必须看哪些书，这个也是定期更换的。这个途径是最常用的。

四是报告、访谈系列。这是最受欢迎的途径之一，因为它比较直观。我们会定期邀请学者、知名人士、成功人士来学校做报告，比如我们曾邀请曾任原南京军区司令员向守志、奥运举重冠军陈艳青、童话大王郑渊洁来学校给学生做报告。

我们还组织学生到社会上采访有影响的人物，比如航天英雄、诺贝尔奖获得者、科学家和一些官员，包括联合国官员。还包括很多可能我们不是很清楚但青少年知道的名人，让他们讲一些励志的经历，多讲一些当年是怎么吃苦的，少讲一些是怎么享受的，他们讲一句顶我们讲十句，这也是理想教育非常好的方式。

五是重大事件、活动系列。比如说汶川地震、奥运会、钓鱼岛事件等，还有我们学校自己的重大活动。针对这样一些重大事件和活动进行相应的教育，就是抓住了教育的契机。

六是实践体验系列。组织学生到工厂、到农村、到学校进行爱心援助等，关注社会弱势群体，体验生活，感悟人生，激发斗志。我们学校这方面做得非常好。比如说爱心援助，学生在学校里义演义卖，成为传统了，每年都有。学校曾做过统计，这十年学生捐的钱将近两百万。当年汶川地震学生捐的钱超过了五十万，所以当年我们学校被南京市慈善总会授予"教育系统的先进集体"荣誉称号，我们是教育领域唯一的一家。小学部曾有一个学生得了脑瘤，全校学生一捐就是三十多万。金陵中学曾有一个学生患绝症，我们学生也捐了十万过去。有一年我们学校一位生活老师生病，学生义演义卖，所得的钱全部捐给这位生活老师。这些义演义卖都是学生自发的，学校不允许老师号召学生捐款，因为学生没有经济能力。学生会和家委会在里面起了很大的作用。

七是电影歌曲系列。就是开出单子，规定每个年级应该看哪些电影、唱哪些歌，但规定也不是那么死，每个年级可自选，每个月定期播放。我们还经常会有歌会，包括卡拉OK，具体曲目需要经过学校审查，要符合学生年龄特点。

八是学科教育系列。这是最主要的系列，因为80%的教育活动是在教学过程中进行的。我们的做法是，所有学科要把理想教育的知识点用文字列出来，然后要开公开课、研究课，课堂教学评价要加大这个方面的权重。这个途径也是课程改革的三个维度之一。传统课堂往往偏重于知识与技能，忽视了情感、态度、价值观。德育元素、理想教育元素的发掘是培育学生情感、态度、价值观的重要途径。教师必须确立在课堂教学中对学生进行理想教育的自觉意识，并结合本学科性质特点和教学内容，从显性和隐性两个方面，积极推进学科中的理想教育。

（二）教师目标——成为有理想的教师

理想教育要求学生做到的，教师首先要做到，所以我们提出要做有理想的教师。教师要有生涯规划，就是你的目标是什么，经过多少年达到。在教育观念上、在师德要求上都要有目标，还要全面参与学校的改革实践，这样才能成为一个优秀的教师。

我提出教师发展的三个阶段。第一阶段是教书匠，大部分教师刚到学校来时一般还只是教书匠。第二阶段，经过努力争取做名副其实的教师、优秀的教师。作为教师要有职业精神，光应付是不行的，要对学生负责。第三阶段是教育家。我们每个人都应该有成为教育家的理想，至少要做一个名副其实的教师，不能只做教书匠。想做教育家就要有自己的教育理念，有相应的教育实践，并且这样的教育实践被证明是正确的。尤其是你做的这些能被不少人认同，甚至被很多人学习、效仿，那就更好了。教育家并不是高不可攀的，希望大家都能够朝着成为教育家的目标努力。我想一所学校出现一批教育家，这也是可能的事情。其实每个人都可以的，要有这样的进取心。

二、教学改革，凸显特色

（一）教是为了不教

前面我讲过，中国的课堂很多是演绎式的，是"满堂灌"的课堂。讲授式作为一种教学方法，不能说它就是落后的。尤其是随着现代班级制度的产生，讲授式有它的优点。特别是一些很能讲的人，如百家讲坛的易中天、疯狂英语的李阳等，真的是很能讲，讲得几万人都入迷，这是讲授式的魔力。我们不是否定讲授式，但是，人的认知的一个重要特点是，受教育者主体要自己努力去探究、去发现，要自主，要学会跟其他人合作，跟老师、同学合作进行探究，这样获得的知识才是比较容易迁移的。学习无疑是学一种方法，获取知识的方法，教是为了不教，学生现在学习是为了将来离开老师也会学习。这是我们教学的目标，我们现在缺的就是跟素质教育相配套的教学方式。

（二）外语教学凸显特色

我们学校的外语教学模式跟其他学校不同。其他学校的外语很多是"哑巴"外语，一般就是放录音、跟读、讲语法，难以使学生真正具备外语能力。我们不是这种模式，从南外开始就探讨了这样一条路。我们的教法是按照母语习得的过程来教授学生学习外语。比如我们大家都会说中国话，有人教你吗？没有，生下来只要你耳朵没有毛病，一岁左右就会讲话。

语言学习首先就是听，每个人都知道，小孩子第一步都是听，有的时候母亲会简单教一点，比如教孩子喊"妈妈"。但是，第一个发音往往是"爸爸"，因为这是爆破音。有的不是父母教的，是孩子听多了，通过广播、电视等各种途径听，他就会讲话了，不需要刻意教。

第二是说，要开口，要去讲。到了三五岁，孩子才会读，才会认字，才会写。听、说、读、写，首先要遵循这个顺序。语言操作的场景都是交互式的。大家相互之间聊天、打电话、讨论问题，有的是听，有的是讲，有的是辩论，还有的是吵架，这都是交互的。传统的英语课不是交互的，就是跟读、模仿，这就违反了语言的习得规律。

第三是交互。我们学校的外语班级多数在20人左右，人太多了交互不起来，听固然是可以的，但是说就比较难了。从小学开始，我们安排大量的听、说，低年级很少安排写的任务。别的学校的学生早就会写了，我们学校的学生还是大量听、说。放录音，跟着听，孩子之间相互对话。我们小学一年级学生入学两个月以后就全英文授课，老师不许用中文，学生听不懂也要听，尤其是老外的课。老外是不会讲中国话的，学生即使听不懂也要听。这就好比派你一个人到其他国家去，你不懂也要听，时间长了自然就听懂了、会讲了。所以，我们就要创设这样的情境，我们设计比较多的是各种对话、小品，甚至是课本剧，都是交互式的，学生和学生对话，学生和老师对话。因为我们学校的学生听得多、开口多，所以比较容易在不同情境中迁移，见到外国人可以很自然地讲。我们国家现在很多学生学的是"哑巴"外语，一个班那么多学生，没法真正对话。他们平常在课堂上听得很好，但是换了一个真实场景，就不大能听得懂。一听到外国人讲话，简单的还知道怎么说，复杂一点的，就不知道怎么去说了。而我们形成了我们自己的外语教学模式。

根据我们学校生源和教师的情况，特别是我们学校的文化，我们要改变"满堂灌"的情况，不能只靠老师讲。我们不搞一种模式，要多样化。推进课程改革这么多年了，我非常强调这一点。

（三）学案引领，板块推进

经过这么多年实践，我们初步形成了自己的教学方式——学案引领，板块推进。外语学科还是"情景—结构—交际"的教学方式。对这种教学方式，下面我做简单解读。

一是我们把讲学稿改造成学案，原来的讲学稿，教师讲授和学生学习混在一起，这不太合适。教师要有自己的讲稿，学生要有学稿，把讲学稿改为学案，就是希望它简明一点，不要太复杂。我们的学案一般包括一节课的教学目标、重点和难点、教学过程、教学方式，另外就是课堂练习和课后练习。当然，不同学科、不同教师的学案会有些不同。

二是课堂上最典型的五个板块："学生自学—小组合作—大组交流—教师点评—课堂反馈"。第一个板块是学生自学。给学生一定的时间，让学生课前自学，课堂上也有自学的时间，有时候课一开始就是集中自学，有时候是一个问题一个问题地进行，分段自学。第二个板块是小组合作，4个人一组。杜郎口中学是八九个学生一组，我觉得人太多，一般一个小组超过6个人就容易形成两个中心，有些学生会被边缘化，每个学生发言、活动的次数会变少。我们基本上是4个人一组，最多是5个一组。第三个板块是大组交流。根据我的理解，对一个问题的认识，小组合作是求同，大组合作可能更关注求异。第四个板块是教师点评。课堂讨论过程结束以后，教师要有点评，针对重点和难点，还有一些拓展和提升的部分。最后要有课堂反馈。以上五个板块，循环进行。我观察到的课堂一般是两个循环比较多，有的是三四个循环。有些循环是非典型的循环，但这都是允许的，我觉得很多时候不能那么刻板。我们有一个大致的原则，40分钟一节课，教师的活动应该少于50%，学生的活动要多于50%，教师一定要大大压缩传统讲授的时间，学生自学、讨论的时间要留足。我们学校的外语教学早就是这样了，一节课三分之二的时间都是学生的时间，因为它带有操练性质，跟其他学科还不太一样。

为此，南京市先后在南外仙林分校召开了两次课堂教学改革现场会。第一次来的是市、区教研人员，南京市教研室及各个区的教研员、南京市学科带头人、特级教师，几百名专家到学校来。我们不搞"盆景"，比如只拿几节水平比较高的课出来展示。我们一下子开了60节课，当时我们全校只有

110多个班，开课班级占了一半以上。我们学校的特点是要干大家一起干，对外也尽量呈现原生态的课堂。在开课的教师中，30岁以下的年轻教师占了一半，并不都是让最好的教师上公开课。但是话也说回来，搞改革，年轻人上手比较快，没有那么多的负担，老教师往往习惯了多年来形成的教学模式，思想上容易固化，比较难改。第二次大会来的是全市所有分管教学的校长，600个分管教学的校长，包括小学的、初中的、高中的，还有各区分管局长都来了，当然教研人员、特级教师也在，还有外地来的教师，礼堂都坐不下了。第二次大会我们拿出了69个班开课研讨。两次现场会之间相隔了几个月的时间，得到了相关领导和参会人员的肯定。

目前，我们学校的大部分教师已经通过了课堂教学改革验收，但还是参差不齐。不同的学科有不同的特点，数学课和语文课有很大的不同。不同的课型，新授课、复习课也有不同的特点。低年级跟高年级不同，初中跟高中不同，要形成不同年段的特点。深入推进课堂教学改革阶段，课堂教学要形成学科特点、课型特点、年段特点。课堂教学改革符合人的认知规律，经过课堂教学改革，学生的学习力提升了，考试成绩也提高了。

对于课堂教学改革，有几点我想提一下。第一，倡导多种模式，不搞一种模式，只要言之有理，各种模式都鼓励。有的人到现在还是洋思模式，我觉得也是可以的，先学后教，当堂训练。还有杜郎口模式、东庐模式、新绛模式。当然，更多的是在批判性吸收借鉴各种模式优点的基础上探索出我们自己的模式。另外，我们不搞一哄而起。这么多年来，一批一批的人实践课堂教学改革都是自愿报名，教导处根据每个教师的情况进行审批，审批通过后改革规模由小逐渐扩大。任何改革不能搞一哄而起。第二，我们进行课堂教学改革实验，一切经过实验。第三，行政要强力推动。没有行政的强力推动，光凭号召是没有用的。我们没有规定不改革的教师就下岗，但我们也有纪律约束。首先是不允许不改，每个人都要过课堂教学改革关。同时，我们有时间表，要求各个学科参评优质课、优秀教师、学科带头人的课堂必须是课堂教学改革的课堂，如果不是，就会被一票否决。在行政上，尤其要求学校管理人员，要率先搞好课堂教学改革工作。目前,我们学校的中层管理干部课堂教学改革都搞得很好。我们学校的省学科带头人、市特级教师，全部都在管理层。

三、班教小组，体制创新

目前，中小学班级管理的方式基本上是班主任个人负责制，几乎各级各类学校都是这个制度，似乎古已有之，其实不然。班主任个人负责制产生于20世纪30年代的苏联，在确立了计划经济体制后，把原来的组指导员制度改成了班主任制，赋予了班主任极大的权限。而欧美国家几乎没有这个制度，他们普遍采取导师制，一个班几个教师，一个教师分管几个学生，吃、喝、拉、撒什么都管，实行全员管理。

中华人民共和国成立后，我们在全面学习借鉴苏联教育制度的同时，也把他们的班级管理制照搬过来，至今已有六十多年。应该承认，班主任个人负责制在我们教育史上起到了十分重要的作用：班级由专人全权负责，高度集权，确保班级工作的有序操作。但是，班主任个人负责制的弊端也越来越明显，比如班主任一人什么都管，其他教师就可以什么也不管，或者想管也插不上手。这就造成了"两张皮"的情况，不能做到既管教又管导的双重效果。同时，一个班级特别是中学的班级有十几位学科教师，总会产生一些矛盾，靠班主任个人很难居中协调，这就会影响教育质量。另外，面对一个班四五十个学生，怎么对他们进行诊断？班主任一个人搞不过来，其他教师一般上完课就走人，他们对学生的了解仅限于所教学科。对学生没有正确的判断，怎么形成有针对性的指导？实际上班主任已成为中小学谈虎色变的角色，工作量大，难度大，班主任疲于奔命，身体亚健康，工作还不能做好。所以大多数教师都不愿意做班主任。考虑到这种情况，增加班主任津贴，但是越往上加，班主任越孤立，其他教师就更不参与班级管理了。也就是说，班主任个人负责制陷入了困境，这个制度一定要改。

我从2004年就提出按年级组形式办公，为以后班主任制的改变创造基础，但没施行成功，教师、干部不理解，不习惯。2005年我强制要求初三、高三两个年级按年级组办公，2006、2007年全校教师从小学到中学全部按年级组办公，同时在几个年级试行班级教育小组（简称"班教小组"）制度，以取代班主任个人负责制。2008年全校所有班级全部实行班教小组制度，班主任个人负责制在南外仙林分校退出了历史舞台。

（一）班级工作，全员参与

我介绍一下班教小组的具体操作情况。首先是人员组成，所有任课教师全部进入班教小组，每人必须参加一个班，平均每个班级有3—4名教师，包括生活教师，他们是班教小组的核心成员。另外选举2—3名学生代表、家长代表进入班教小组，他们是一般成员（后来为了鼓励起见，定义为重要成员），班主任任组长。其次是班级工作决策，分为"日碰头""周例会""月诊断"。"日碰头"是核心成员每天碰头，有话则长，无话则短，处理小组当天工作。"周例会"分两种情况，一种是核心成员碰头，总结小组本周工作，安排下周工作；另一种是班教小组全体成员参加，对班级重大工作、活动进行磋商安排。"月诊断"，班级全部教师对班级每个学生进行诊断，并确定指导方案。再次是班级工作实际操作，有四项分工：常规工作分工，每人一项；重大活动分工，核心成员专人负责；值日分工，核心成员每人值日一天；指导学生分工，核心成员每人分包若干学生，对其进行全面关心指导。最后是评价制度，对所有参与班级管理工作的班教小组核心成员，每月给予一定现金补贴，对教师的评价和薪酬分配既看教学工作，也看参与班级管理的情况，按20%优秀、70%良好、10%合格的权重颁发学期奖。附带说一句，任何全员参与的改革，没有评价制度配套都是难以推动的。

班教小组制度建立之后，在实施的过程中遇到了很多困难，但目前已被教师、学生、家长所认同。制度创新带来了一系列变化，可以概括为三点：一是观念已经形成——班级是大家的，工作要大家来做；二是"两个转变"正在发生，班主任向班教小组组长的角色转变，既管理学生又领导教师，任课教师向班教小组成员的角色转变，既管教又管导；三是功能逐步实现，全员育人、全科整合、全面诊断、四项分工全面落实。此外，通过这项改革，全体学生、教师、家长更加关心班级建设，集体智慧更加彰显，班级文化与教育质量明显提升。

现在越来越多的学校和地区都在试行班教小组制度，我相信在更大范围内，甚至在全国，班主任个人负责制终将被班教小组制度所取代。

（二）设立大教导处，打破中层分立体制

我们同时进行了大教导处的改革，就是在管理上把教学处、学生处、教科室这三个部门合并，重新建立大教导处。这有什么依据呢？跟班级管理体制改革一样，学生在中小学阶段是智力因素和非智力因素交互生成发展的，学校应该有相应的教育机制或者管理机制，而传统的班级没有建立这样的机制，所以我们进行了班级管理体制改革。当往前推进改革时，在中层遇到了困难，因为中层所在的不同部门是分立的，管教学的不管学生工作，管学生工作的不管教学，甚至不懂教学，也不愿意去懂，因为对他们没有这样的工作要求，也就是说中层管理是分开的。大学设学生处，我认为是很正常的，中学也设学生处，我认为是没有道理的。过去是只有教导处、总务处，最多加上校办。到了20世纪90年代，开始重视教育科研，所以又把教科室独立出来，独立出来的意图是要加强这方面的工作。这样做我觉得在一定程度上达到了效果，使得各方面工作专业化、专门化。但是另外一方面形成了"多张皮"，使管理的效能下降。因此，我们认为应该实行大教导处。

大教导处有十六字的运作方针，就是"条块结合，以块为主，集中决策，分头执行"。"条块结合"就是我们教导处有六个副主任，说多也多，说不多也不多。说多是因为大教导处有这么多主任，说不多是因为他们原来都是主任，没有增加职数。每个人负责一个年级，以前可能负责外语教学，或理科教学，或文科教学，或学生工作，或教科研工作……现在每个人仍然要负责其专业领域，在此基础上要领导一个年级。在中小学最薄弱的是年级这个层级。它上面有教导处、学生处等，下面有班级，中间这个年级组组长是没有多少权力的，所以最薄弱的是这个层级。我们考虑到减少管理层级，同时改变"多张皮"的情况，所以建立大教导处。"条块结合"，每个副主任既管专业的"条"，又管年级的"块"。他不是联系一个年级，而是领导一个年级，他就是这个年级的第一责任人。此外，给他配一个年级组的组长，负责常务工作。大教导处的所有决策，这六个副主任都是需要参与的。因为年级组涉及六七个乃至十几个班，最主要的操作都是在年级层面，所以"条块结合，以块为主"。"集中决策"，指大教导处要对所有领域的重要事情进行决策，包括对教学工作、学生工作、科研工作进行决策。这跟过去

有很大的不同，过去不是集中决策，而是每位主任只管他自己的业务，如学生处决策德育工作，教学处决策教学工作，教科室决策科研工作。现在是各副主任参与所有决策，分头执行。所有决策都在其所领导的年级组贯彻，这样的好处是"多张皮"的情况基本上得到了改变，所有的管理干部既懂得教学工作，也了解德育工作、教科研工作，所有工作都要去落实，这样就使工作效能提高了。同时年级这个层级也得到了加强，这也是我们学校管理方面的一个重大改革。

第八章　凸显办学特色，形成教育品质

一、外语教学：学校的核心竞争力

办学特色能够优化学生的特定素质，比如外语教学，如果这个特色做得比较好，它就能使受教育者在外语专业方面比较强，能为社会提供特定的人才。另外还能够提高办学实效和学校的知名度，全面提升学校竞争力。外语教学是南外仙林分校的核心竞争力。

在我看来，任何办学特色应该有五个因素。

第一，高出一般标准的教学要求。在小学，外语教学听、说、读、写方面，一般学校对听、说方面要求是很低的，在读、写方面主要是词汇量，当然还有语法等。我们学校的外语教学要求要比一般标准高得多。在听、说方面，因为采取"情景—结构—交际"的教学模式，所以整个学校学生的外语听、说能力都是非常强的。学生能跟外籍人士进行生活对话，基本上没有什么障碍。对高中学生在词汇量方面的要求，比一般学校要高很多。要形成任何办学特色，与之相对应的在教育要求上必须要高。这个标准显然是高出国家课程标准的。

第二，有专业的优秀师资。必须要有专业的优秀师资，我们的外语教学就是这样。我们基本上要专业比较强的年轻人，以专业八级为主，至少要专业四级并且表现优秀的。而对于已经教了多年外语的中年教师，我们原则上不予录取，更不要讲是老年教师。他们虽然教学经验丰富，应付考试可以，但是口语已经不行，不符合我们学校的要求。我们学校还有大量的外籍教师，他们全部来自英语国家，英语都很地道，虽然有英式英语和美式英语的区别，澳大利亚的英语发音可能有点怪，但是不管怎么说他们都是来自英语国家。不像有些国家，英语也作为官方语言，但并不是他们的母语，这样的国家也有很多，像印度、巴基斯坦等。

第三，优质的设备，丰富的资料。我们学校有外文图书馆，一般学校没有。在资料方面，我们学校的资料是特别丰富的，包括各个国家有关外语的教学资料，例如外文的杂志和报纸，当然相应的教学设备必不可少。

第四，独特的操作方式。要形成办学特色，必须要有自己独特的操作方式。就我们学校而言，第一我们采用小班上课，一般学校恐怕做不到。第二就是采用"情景—结构—交际"的教学模式。这种教学模式，不采取小班的方式几乎是很难操作的。当然我们二十个人的小班其实还有点大，跟欧美国家比，人还是多。但是在国内，二十个人的班已经是非常先进的了，大学的外语专业也不过如此。"情景—结构—交际"的教学模式是从小学一年级就开始的，这是全校所有年级都采取的一种教学模式，其实就是把语言在实际生活中的应用在课堂上再现。

第五，突出的成果。如果说你有前面的条件，没有突出的成果，这个办学特色也无法形成。我们学校的突出成果表现在这样一些方面：学生在外语听、说、读、写、译方面的能力，远超一般学校的学生。中考、高考在相当程度上是不能反映我们学校学生的外语水平的，因为它都是按照统编教材出题，听、说要求一般，所以衡量不出来。其实，我们学校学生大部分的精力、时间并不是用在考试方面。即便是这样，我们学生的考试成绩都是非常优秀的，无论哪个学段都是这样。我们的学生在外语竞赛方面基本上拿的是最高奖。而且我们的参赛学生是大面积的，不是少数人参赛。学生在雅思、托福考试，SAT、ACT，澳洲高考、德语考级方面的成绩也很优秀。我们学生参加澳洲高考，大部分学生的考试成绩在全澳前10%，否则你进不了墨尔本大学、新南威尔士大学、悉尼大学，就是说我们学生比澳洲90%的学生都考得好。德语考级达到B2是很难的。另外，免试保送，一般学校都没有的，江苏省只有南外有。我们虽然是一所新学校，但是因为教学要求和使用的教材、课程标准和南外一样，所以大学也承认我们可以免试保送。最后一点是出国留学，如果学生的语言考试和大学入学考试考得不行，那只能到一般学校或较差的学校。因为外语的优势，我们绝大部分学生进入了一流学校。这就是办学特色的五个要点，刚才我结合外语教学做了说明。

一般学校外语教师是上三个班的课，但那是大班，工作量相当于我们教师的三倍。我们学校一个外语教师上两个小班的课，相当于一般学校一个大班的课时量，所以他们的工作量相当于一般学校外语教师的三分之一。我们的投入非常大，我们学校的中教有一百五十多人，外教有五十多，中外教师超过两百人。ILP语言实验中一个班六七个外教。采取这种方式，才可能把现实生活中的场景在课堂中再现，让学生进行大量的交互式对话。

学生在我们学校学外语，不觉得是负担，大部分学生觉得很有意思，因为他们的学习都是在特定的场景下进行，是带有生活色彩的。不是固定的你讲我听，你说我模仿，而是两个人对话、多人对话、小品、课本剧等多种交互式学习形式，这就很有意思。再加上大量的听、大量的读，他们的语感是非常好的。我们学校学生背单词也跟一般学校学生不同。一般学校的学生很多是死记硬背，我们的学生因为会说，所以拼读几次，基本上就能记下来，而不是硬背。

我们学校还有一个特别的机构叫外语部，是跨学部的，涵盖小学、初中、高中。外语部是一个业务部门，外语教师在业务上属于外语部领导，行政上还是属于中小学领导。外语部经常有他们自己的活动，这也是我们学校的特色，一般学校没有外语部，这是我们独创的。现在看来，设立外语部是正确的，通过这个专门的系统去策划、领导，我觉得是非常必要的。比如外籍教师，业务上全归外语部管，生活上归外事办负责，他们跟学部外语教师关系非常密切，办公在一起，也互相听课。

简单讲，就是一所学校要想把质量办出来，必须要有自己的办学特色，尤其是新建学校。如果没有特色，你怎么去跟人家竞争？像我们现在办学才十年，可以和那些建校三十年、五十年，甚至一百年的老校竞争了，而且在竞争中，我们绝大部分并不落下风。这说明我校外语教学的核心竞争力是非常重要的。从升学率来看，我前面也提到过，由于有这样的竞争力，所以我校学生高中毕业进入高等学校分三拨：一拨参加高考，一拨免试保送，一拨留学。总体的升学率，二本以上的升学率已达到90%多了，跟我们生源（高中生源）差不多的学校，至少要比我们低20%到30%。

二、心理教育：为了孩子的身心健康

现代社会有几个特点：一是人际交往越来越密切；二是人的生活节奏越来越快，人的压力也越来越大，不管是学生还是工作人员，压力都越来越大；三是传媒发展越来越迅速。正是由于这三个因素，人在心理上容易产生一些异常。

在中小学，心理教育是非常重要的。因为不管是小学生还是中学生，他们的很多问题不是思想问题，不是道德问题，也不是行为习惯问题，其实很大程度上是心理问题。对这类问题，我们很多教育工作者本身不具备这方面的专业知识，经常把心理问题当成思想问题、道德问题、行为习惯问题来处理，这种处理的后果可想而知。如果我们具备这样的专业知识，从心理学角度了解学生产生这些问题的心理过程，然后再去指导学生、疏导学生，学生可能就能比较好地成长，比较好地度过青春期。问题是受学校编制所限、校长的认识所限、学校的经费所限等，很多学校很难配备专职心理教师。当然，如果校长能够认识到心理教育的重要性，这个问题在一定程度上可以得到缓解。

我们是民办学校，并且我们认识到心理教育的重要性，所以在一建校就定位必须要有5位专职心理教师，并且成立一个心理教研组，我想大部分学校没有这个教研组。我们的心理教师全部是大学心理专业或教育专业毕业的，他们基本上已有四五年的工作经验，长的有十年工作经验。心理教研组在业务上属于教科研中心，行政上分别属于小学、初中、高中，教师会定期轮换，可能这两年在小学，过两年在初中，再过两年在高中，这样能使他们了解整个中小学学生的心理特点。我很重视学校的心理教育，对心理教师，要求学校在安排工作的时候，第一，不让心理教师兼课。很多学校心理教师兼政治课或思品课，我们学校的心理教师一律不兼这些课。第二，不让心理教师兼职。有的心理教师积极性很高，希望做班主任。一般学校的校长见到这样的教师是很欣赏的。我说这种积极性很好，但是我们学校可能不做这个安排，因为心理教师和班主任的角色很多情况下是冲突的。班主任是要管理的，心理教师是要疏导的，当然班主任也要注意疏导，但是他不能不做班级管理工作。心理教师如果做班主任，可能会对其心理专业有负面的影响。

所以，心理教师只做他们该做的事情。他们做什么事情呢？第一，上心理指导课。这是我们学校有一般学校没有的，我们把它作为校本必修课。这个课是案例式、活动式的，不是一套符号、概念式的让学生去背。否则，这个课宁可不开。案例式、活动式的心理指导课是可以解决实际问题的。通过这样的课，学生可以知道出现一些情况是什么心理现象，应该如何去应对，学会学以致用。第二，做心理咨询。各种形式的都有，面对面的、电话的、网络的，甚至还有书面的。对象有学生、职工、教师、家长。第三，进行心理干预。就是对个别心理异常学生进行心理干预。我们有这样的条件，因为专职心理教师比较多。发现心理异常的学生，我们学部的管理者就会跟心理教研组联系，请他们参与。第四，心理教育培训。对班主任、学生干部、生活老师等进行心理教育培训。我们学校现在已经有几十位老师通过这个培训拿到了相关的证书，就是说他们也可以进行心理指导教育了。第五，对学校的心理社团进行指导，对学校行政工作、教学工作、管理工作、德育工作提出心理预警。我们学校心理教育的师资力量比南京市的大部分区还要强。栖霞区的心理教师培训基本是放在我们学校，而且主要的课程由我们学校的老师来上。

三、教育国际化：打破学校固有办学格局

现在办学国际化似乎很热门，大家纷纷在办国际高中。就我们学校的情况来看，主要是觉得现在的教育应试色彩太浓，难以培养出有创新精神的人，当然也难以培养出杰出的人，所以我们要走出国门，或者说打破学校固有的办学格局。办学国际化是学校发展的需要，我们不认为办学国际化是被动地接受，我们是要主动地赶上这样的潮流。这是我们的认识，可能跟其他学校不同，我们是具有外语教学特色的学校，所以对办学国际化的认识是比较主动的。前面我也讲过，伴随着国家的改革开放，经济发展的国际化必然

导致社会相关领域的国际化，包括教育的国际化。所以，我们把教育的国际化看作社会发展的必然，我们要融入这个大潮中去，抓住这样的机遇。通常认为中国的教育改革有两条路径：顶层设计，基层创新。其实还有第三条路径，那就是走办学的国际化。关于教育国际化，我们有五个方面的认识。

第一，要有先进的教育理念。我们要向国外借鉴先进的教育理念，比如"教育是人的完善"，"不对学生做整体评价"，"学生应该融入社会"，等等。

第二，借鉴国外科学的课程与教育方式。像我们的课堂教学改革、班级管理体制改革，其实是借鉴了国外的导师制。国外的课程，比如选修课、活动性课程、生活课程，我们也借鉴了很多。当然，像VCE课程、中德课程、中美课程，在国际高中部就更多了。

第三，引进国外优秀人力资源。我们学校的外籍教师有几十个，像这样大规模地引进外籍教师的学校是很少的。

第四，中外学校交流。中外学校交流我们也有很多。我们的友好学校大概有十多个，分布在澳大利亚、美国、德国、法国、韩国，我国的台湾和香港地区也有。这些友好学校中，有相当一部分是和我们开展实质性交往的。不是签了协议，你来一次，我去一次，然后就结束了。我们是要互派教师和学生的。相对来讲，我们学校的教师和学生出去的机会比较多一些。

第五，中外合作办学——国际高中，也是教育国际化的内容或者形式。现在，很多学校把注意力投入到中外合作办学方面，而我们认为不应该是这样的，应该设计完整的国际化学校教育，拿现在的话讲就是"套餐"，教育国际化的套餐包括上面五个方面。

再讲一点我们自己的体会，首先，我们在教育国际化，特别是在中外合作办学过程中，一定要把握主权，要坚持中方的管理，就是办学自主权一定要在我们手里。

其次，要多元化。不要只办一个项目，就是鸡蛋不要都放在一个篮子里。一般学校往往只有一个项目，而我们有四个项目。另外，英国在跟我们积极地联系，希望能够跟我们合作办学。跟英国合作办国际高中班，国内也很少。现在国内比较多的是和加拿大、美国、澳大利亚合作办学。跟德国合作办学的也很少。

为什么我们强调多元化办学？因为首先学生的选择可能是多元的。其次我们也要有这样的意识，鸡蛋不要都放在一个篮子里面，那个篮子如果掉在地上，鸡蛋就全摔碎了，你的项目就没有了，合作办学也就没有了。如果只是一个项目，这个概率就比较大，有的时候中国跟那个国家发生一些摩擦等，这个项目就会萎缩，甚至就没有了。比如像美国，在20世纪末21世纪初，对中国限制很大，签证是很难成功的。像澳大利亚前几年也发生了造假的事情，清退了大批的中国留学生。这样的情况，最近在美国又开始了，就是对中国学生的申请审批从紧。所以，不能没有这样的安全措施。我们有四个项目，如果一个项目出现问题，这些学生可以转到另外三个项目去，从而保证学校整体有序发展。

再次，要规范化。中外合作办学一定要规范化。规范化就是要按规矩来。招生关要把严，课程要严格，管理要严格。达不到要求的，该留级的留级，该退学的退学。比如像我们国际高中，一个市领导介绍来的学生，国际高中把材料送到我这来，说这个事很难办，我说该退的就退吧，工作我来做，不然影响很不好。出于严格管理的考虑，我们国际高中是有留级制度的。

留级生一般一年一两个、三四个。或者因为学习不认真，或者因为过去基础差，不知道加倍努力，或者因为缺课比较多，这样就可能会留级。一般学生是不愿意留级的，留级是被人看不起的，所以留级的学生一般就退学了。我觉得这对学校来讲是必需的。前提是，我们的老师、学校管理方已尽到了责任。另外，规范还表现在我们把学生送出去的时候不造假，该是什么成绩就是什么成绩。当然在国际化方面，还要加深中外双方的合作，要互相了解对方的文化。有些东西，比如说他们的习惯，对学生行为的判断，跟我们有很大的差异。有很多地方，我们认为这不算什么，他们认为很严重；我们有的时候认为很严重的问题，他们认为这个不算什么。比如说造假的问题，中国的很多学校觉得这不严重，外方认为这个是绝不允许的，这是他们的原则。反过来，我们认为的男女生非正常交往，认为他们还是未成年人，学校还有监护人的责任，他们认为这是人家的自由。

我想讲的是，尽管现在有些学校办国际高中，办得比较差，但是我认为这个不是主流的情况。主流的情况是从正面推动了中国教育国际化的进程，把大量的中国学生送到了国外那些比较好的学校。我觉得这个还是要肯定的。所以，我认为现在是要规范中外合作办学，但是不能"开倒车"。整个办学的国际化、教育的国际化现在方兴未艾，和正面的东西相比，负面的东西还是次要的，我们要看到这一点。所以我在报纸上呼吁，教育界的各位要有眼光，不要只看到眼前的一些情况，要看得长远。如果说我们有大批的学生，像当年邓小平他们那样到国外去学习深造，我觉得我们国家将来的发展会很美好的。如果我们还是闭关自守，我们这个国家就很难有好的前景。所以我想，教育国际化现在只能向前推进，不能停止，更不能倒退。

四、课程是学校的"大法"

课程是极其重要的，因为你的教育思想、教育实践，包括教育内容都是体现在课程里的。课程实际上是学校的"大法"。你说你是素质教育，不是看你怎么说的，而是要看你的课程，最重要的是看你怎么实施的。学校所有的实践都是根据学校的课表，根据学校的行事历（简称"校历"）来开展的。如果国家规定数学每周六节课，而你的课表上是十节，从中就可以看出你的办学思想。同时，还要看行事历。所谓"行事历"就是学校一个学期从第一周到最后一周都安排了什么事情。比如说这一周到部队，下一周开运动会，第七周春游……这个在行事历里面可以看到。建构校本课程制度，形式上是课表加上行事历，主要是这两个方面。

为什么有的学校要做两张课表呢？就是因为其教育思想、实际的操作方式同其可以拿出来的课表是不同的。给领导看的是国家规定的课，但实际上可能数学超了四五节，其他学科也超了很多节。从中就能看出一所学校的办学指导思想。如果深入到一所学校去，不仅要看学校的课表、行事历，还要看学校是不是按照这个在做。

课程建设是学校非常重要的一个领域，这个领域决定了学校的运作和发展。很多学校完全实行国家课程，然后加大升学考试科目的课时。其实，国家课程适用于各级各类学校，如农村的、城市的、东部的、西部的。学校要根据自身的实际情况和发展定位建立自己的校本课程。我们从一开始就非常明确，要建立符合教育规律的、符合我们教育理念的、有利于学生素质发展的课程制度。目前，我们学校的课程包括五大板块，必修课程、选修课程、活动课程、生活课程、国际课程。

第一，必修课程。必修课程肯定是大头，因为是国家规定的课程。我们严格按照国家课程的要求，在课时方面，除了极个别的科目（比如数学课）课时略有增加，其他的都严格执行国家规定，这个很重要。相当多的学校，把升学考试不考的学科取消或减少它的课时；把升学考试要考的学科，特别是语文、数学、外语、物理、化学，随意增加课时，很不严肃。除此之外，我们在必修课程方面开设校本课程。我们学校的校本课程有哪些呢？外语是引进教材，课时多；信息技术是我们自编的教材；心理也是我们设置的校本课程，自编教材；"做中学"教育，小学是非常强调动手的；陶艺课，培养学生的想象力和动手能力。这些是校本必修课。

第二，选修课程。选修课程目前在小学、中学、国际高中都有数十门，以满足学生的兴趣，提升他们的相关能力。我们学校选修课的特点是，跟升学、应试没有任何联系，比如学生社团也是校本选修课程。

第三，活动课程。比如六大校园文化节，体育、科技、艺术活动，春游、秋游等。还有一些主题活动，像学生会竞选，都是活动课程。我们的活动课程是非常丰富的。

第四，生活课程。生活课程包括住宿、就餐（我们绝大部分学生是住校生）等，我们小学还有正式的生活指导课，由生活老师开的；还有一日实践，即我们学校的初三年级，每个学期每个班都要停课一天，到学校各个部门实践；社会实践，到工厂、到农村、到部队、到商场实践；社会调查、社会义工，其实都是生活课程，在生活中进行学习；当然还包括一部分爱心援助。爱心援助有一部分是活动课程，有一部分是生活课程。比如汶川地震了，大家看电视、开大会，然后捐钱捐物、义演义卖，实际上是活动课程；到外面去给农民工子弟教外语，到贫困地区献爱心，这是生活课程。

第五，国际课程。包括外语选修、雅思、托福；修学旅行、友好学校交流、中美夏令营、中短期留学；ILP语言实验班；中澳VCE、中德语言、中美GAC/ACT、美国高中课程。这些课程是我们学校独有的。

可以看出，我们的校本课程跟很多学校是不同的。我们的办学理念、办学思想和学校的教育行为、教育实践，从校本课程里可以得到清晰的反映。课程建设是我们多年来一直致力去做的。

表1　南外仙林分校现行课程体系①

课程类别		课程内容
国家课程		• 开齐、开足国家规定的全部课程（不超课时） • 节假日完全不上课
校本课程	必修课程	• 外语 • 信息技术 • 心理 • "做中学"教育 • 陶艺
	选修课程	• 文、理、体、艺（小学 91 门、中学 57 门、国际高中 19 门） • 学生社团（小学 21 个、中学 41 个、国际高中 11 个）
	活动课程	• 校园科技、体育、艺术活动 • 校园文化节（外语节、艺术节、体育节、科技节、读书节、演讲节） • 纪念（参与）国内外历史（现实）大事 • 春游、秋游（远足或体验）
	生活课程	• 食宿指导（良好生活习性的养成） • 社会实践（工、农、商、学、军……） • 慈善义工（志愿者、社会义工）
	国际课程	• 外语选修、雅思、托福 • 修学旅行、友好学校交流、中美夏令营、中短期留学 • ILP 语言实验班 • 中澳 VCE、中德语言、中美 GAC/ACT、美国高中课程

我们的课程建设要加强。我们虽然开了很多选修课、组织了很多活动和社会实践，但是还比较粗放，还没有做到标准化、系列化、规范化。所以课程建设是我们下一个十年，特别是接下来三年要做的大事。今后的课程建设有这样五个要点。

第一，课程设置要科学。我们要对以往关于课程的实践重新进行审查，

---

① 资料来源于 2014 年 4 月 28 日钱校长的"课程建设：从数量走向品质"讲座。

必修课是不是要这样开，开这么多？选修课是否根据学生发展的需要来确立？我们的现状是，老师能开哪些课就开哪些课。今后的选修课要根据学生发展的需要设立，要对开哪些课程，这些课或活动放在什么时候加以固化。比如说外语节应该放在什么时候举办，现在虽然有大致时间，但是还不够明确；有的活动，比如到工厂、到农村是什么时候，这些全部要在课表里面固定下来。课程在时间、空间上的设置要全部进入统一的课表和学校行事历。

第二，要有学校自己的课程标准。首先是必修课，比如说我们的外语，它的课程标准就比一般学校要高得多。理科课程标准不要再拔高了，但是语文、政治、历史、地理，这样的人文学科、社会学科的课程标准要加强。可能我们的课程标准比一般学校的要高。要达到这样的课程标准，需配套使用哪些教材，这个也得考虑。像我们的外语，要达到那样的要求，就要引进教材。其他的，比如我们的语文课程标准的提高，也要有教材的保证。

第三，课程内容有保证。课程的具体内容是由教材来体现的。例如，我校的外语教学就是由统编教材及一至多套引进教材保证的。校本课程"心理健康指导"则是由学校自己编写的讲义来保证。其他的无论是国家课程，还是校本课程，其教材（包括补充教学内容）如何提供，都需要有所思考。

第四，课程实施方式，其中特别是教学过程与方法要符合学科特点。我校外语教学采用"情景—结构—交际"教学模式，容量大，节奏快，方法多，气氛活。语文、数学等教学采用"学案引领，板块推进"的方式，而信息技术教学则采用分层教学的方式。其他学科都应该尽快实验。

第五，课程评价。在课程评价方面，学生的参与在欧美国家的课程评价中要占50%以上，我们基本上是以考试成绩来做评价。现在南外仙林分校正在做一件事情——学业水平多元化评价，不是仅仅用学生的考试成绩来评定学生的学业水平，还包括过程的参与、质疑的能力、课外阅读等多个方面。大家可以看我们学校的《在水一方》杂志，里面有很多学生关于课堂的描绘，从中可以看出我们的课堂跟传统课堂有非常大的不同。

五、教师队伍建设是根本

教师队伍建设对于一所学校的发展来说是极其重要的，整个学校的改革理念和实际操作都是通过教师去贯彻的。所以梅贻琦讲"所谓大学者，非谓有大楼之谓也，有大师之谓也"。在学校里教师是举足轻重的。我们在教师队伍建设方面采取了很多措施，体现在教育观念、人事制度、培训制度、教育改革、教学研究、班级教育小组、教科研、教育带头人评比、评价制度、分配制度、纪律和师德等方面。

第一，教育观念。当初我就提出要对教师的教育观念进行"地毯式"轰炸，所以我们在第一期教师培训时安排了30场报告，以后每年有16场报告，到现在我们总共组织了将近200场报告。这些报告涉及教育和教育以外的很多方面，请的都是一些知名专家和学者，包括教育专家、军事专家、经济学家、金融学家、建筑师，还有搞美容的，各个领域的都有。我认为教师应该是杂家，特别是中小学教师，做教育的应该知道教育以外的事情，否则你不知道教育在国民经济中所处的地位，这样是不行的。我们的200场报告中有40%左右是非教育的，60%左右是关于教育方面的。这只是一个方面。在教育观念方面，我们还有研讨会；组织老师看电影，比如最近看的《民国大先生》，还有《放牛班的春天》等一些国外教育电影。这些也是更新教育观念方面的一些措施，这一点我们很看重。如果我们的教育观念不一致，决策是很难贯彻的。所以，学校领导首先是教育观念的领导，特别是民办学校，必须要有共同的教育观、共同的教育理想。

第二，人事制度。进人完全是双向选择，公开的市场行为。公办学校在人事制度上是很死的，而我们是可进可出的。出人有两种方式，一种是自己走的，有到国外去的，有要考研的，有觉得民办学校不保险要去公办学校的，有被别人挖走去了教育培训机构的。再优秀的人才，如果他坚持要走，我是放的。"强扭的瓜不甜"，我们留不住人还是应该多从自己身上找原因，任何人如果觉得离开是最好的选择，在做工作无效的情况下我们就会放他走。比如说特级教师，民办学校就不如公办学校好评，区里面经常把名额分给公办学校，民办学校的法律地位并没有得到保障，比如说退休时工资相差很大，这也是部分老师要走的原因之一。

另一种是，有的老师不能完成学校交给的任务，或者是能力不够的，我们会给予辞退。十年来我们辞退了三四十位老师，刚建校时多一点，现在少了，走的最多的一年有七八个，这就是民办学校的人事制度。如果说我们也像公办学校一样，老师再差也不辞退，显然是行不通的，学生、家长都不会答应。还有的就是明显地违规违纪，比如说接受家长的馈赠、体罚学生、公然地在外面兼职给学生上课收费等。辞退的时候我们是比较宽容的，该发的钱还是会发的。从人道的角度提前通知他们，好让他们提前找工作。这是我们学校的人事制度，和公办学校有很大的不同。

第三，培训制度。我们学校有很多的培训，前面讲到理念上的培训，还有技能培训，比如做课件的专门培训，还有校园英语培训、心理教育培训、教科研培训、学历培训。学历培训很多民办学校是不做的，我们照做，专升本或者读研，前提是你不影响工作，包括业余培训、在职培训。在职培训一个学期起码要耽误一周的课，因为要考试等。这些培训，学校承担一半费用，教师本人支付一半费用。从长远来看，教师学历需要不断地提高。我们很重视培训，教师要吸收新的知识、新的观念、新的方法，用老的一套是不行的。

第四，教育改革。无论是理想教育、课堂教学改革、班级管理体制改革，所有教师都是要参加的。

第五，教学研究。我们学校的教学研究抓得很紧，以教研组和备课组为核心。

第六，班级教育小组，这个不展开讲了。如果教师不参与这样的组织，他永远不知道班级怎样管理，这也是教师队伍建设中非常重要的，教师要在实践中获得这样的经验。

第七，教科研。我们提出来，人人要进课题组。每个年级组、教研组都要有课题，大的教研组可能有若干课题，小的教研组至少要有一个课题。刚到学校的年轻教师做辅助工作。教科研还有专门的培训，一个学期起码要活动五六次，有读书、写文章、听讲座、交流等。课题研究其实是教师队伍建设非常重要的方式。课题一定是在教育实践、改革实践中选择的课题，教师通过深入研究提升自身的理论研究水平。

第八，教育带头人评比。这是我们学校的创新，学校评比学科带头人、德育工作带头人、教科研带头人等教育带头人。第一次评出了几十个，而且是跟收入挂钩的，评上的有相应的补贴，补贴是每个月都要发的。通过这些教育带头人评比，我们教师的专业素质有了很大的提高，也带动了其他教师，特别是德育工作带头人和教科研带头人，这是我校的首创。

第九，评价制度。以前只看教师的教学工作，现在因为教师还要参加班级教育小组工作等，评价不能像过去那样单一维度的，而是要多元评价。除了教学，还要评价班级管理工作等多个方面。

第十，分配制度。我们学校的分配制度跟一般学校不同，一般学校是"大锅饭"，我们是结构工资制。第一部分是基本工资，就是以职称工资为主，然后加上校龄津贴，就是你在这个学校每多工作一年，第二年每个月就多给50块钱，就是一年增加600块钱。这就是鼓励教师长期在学校工作。还有是住房补贴，每个月发几百块钱。以职称工资为主，基本工资发12个月，我们有的老师生病了，一个月来不了，基本工资我们仍照发，老师也能拿到几千块钱。

第二部分是月津贴。有这样几个部分，一是课时津贴，这是最大头，你满课时量或者超过课时量，或者不足课时量，拿的都不同。比如说规定课时量津贴是800元，超了就可以拿到900元、1000元、1100元。我们有一些外语教师，可以拿到两倍津贴，因为他超课时，他有两个小班，一个小班9节课，两个小班18节课，本身就超了三分之一，还有其他的工作加在一起。当然，也会有不足的，比如语文只上一个班的，大约拿70%的课时费。二是值班津贴，因为住宿制的学校晚上是需要有人值班的，值班就要给值班津贴，按劳分配。三是职务津贴，就是教研组长、年级组长、班主任、备课组长，都有相应的津贴。这个是按10个月发。

第三部分是我重点要讲的，我们的学期奖。学期奖是一个学期发一次，但是数目比较大，基本上要到8000左右。有些人认为教师的工作是不可量化的，我的看法是，教师跟工人是不同，很多工作是不好量化的，但也并不是都不能量化的。我们对教师的绩效评价就是量化的。在南外做了几十年了，我们一直坚持，从初中到高中，学生都是要给老师评分的，这个评分做得比较慎重。首先是信息技术老师组织（所有班级的老师是不参与的），给学生讲清楚评分的重要性：让每个老师都能看到自己的优点和缺点，不好的地方改进，好的地方发扬，如果你们没有认真打分，老师没有改进，最终会对你们带来损失。讲好以后，每个学生无记名给每个老师打分，打完之后，经过统计，返还给每个老师。返还的时候是密封的，这是隐私，是不能公开的，这是我们做得比较慎重的地方。教师就跟拿到工资条一样，可以看到学科最高分是多少，最低分是多少，平均分是多少，可以衡量自己的位置。一个年级也会有相应的分数出来，它可以衡量教师在哪些环节需要改进。每个学科最后几名是要见面谈话的。一次看不清楚，两次、三次如果还是这样，就可以下结论。这是评学期奖的重要依据，也是任用还是辞退的重要依据。当然还有同行评价、家长评价等。

学期奖评定分三个档次，这是受海尔集团张瑞敏的"10：80：10"的启发。①只不过把它调整成"20：70：10"，20%优秀，优秀的人比例要高一点，70%良好，10%是合格。特别想讲的是这10%，这个10%是要得罪人的，如果大家都一样，划出一部分人来多发一些钱，这样还好操作，但是我们要划出一部分人来，虽然没开除他，但是说他们仅是及格了。这部分是海尔集团分配制度里最精彩的部分。有了这10%，才能把相当一部分人的积极性激活。我们这个10%执行起来是很困难的，第一次执行的时候是我出面，找教师一个一个地谈，学部事先给我提供这些教师的情况，然后我跟他们谈，你们为什么是这10%，谈到最后，教师们基本都能接受。有的干部觉得不好谈，怕得罪人，但是在管理当中这是必需的，如果你动恻隐之心、下不了手，管理工作是没法做的，这10%是早晚要面对的。有一次我跟行政干部们谈工作方法的时候说，我们要善于做面对面的工作，我们不能总是背后讲，大家都是讲道理的，你只要把事实讲清楚，只要你的评价是客观的，就不要怕，在收入分配上一定要有差距。

教师这个行业不同于工人，不能拿计件的方式来对待教师。我不主张拉大教师之间工资的差距。因为他们是知识分子，要脸面的，只要把他们放在

---

① 在分配制度上，钱校长大胆借鉴企业管理的经验和做法，通过分配制度改革极大地调动了教师的积极性。从这里我们看到，作为校长一定要有经济头脑，还要有"海纳百川，有容乃大"的改革胸怀和无私无畏的改革胆识。

第三等里，他们就觉得没有面子了。所以在这个方面，我主张有差距，但不能拉大。我们也就一千块钱差距，就是20%的人拿九千，70%的人拿八千，10%的人拿七千，虽然有的多拿一千，有的少拿一千，但是教师们看得比较重，你不要在经济上去处罚他们。这是我们结构工资最主要的部分。

第四部分是一些大家都有的补贴，比如教师节、春节、国庆、端午、中秋节，这些节日发一些钱，加在一起大概有三四千块钱，也不是很多。当然，还有一些补贴，比如伙食补贴、交通补贴。这些七七八八的补贴，一年下来也有大概一万多块钱。另外，还有一些奖励。所以，我们的小学、中学平均下来一年工资达到十一万，是南京市最高的，比南京市工资次高的民办学校还高两万，比公办学校高三万。结构工资制能够调动教师的积极性，不吃"大锅饭"，真正地按劳分配。公办学校有绩效工资，但是大部分学校没有把它用好，还是"大锅饭"一样把它发下去了。有一些民办学校，他们是一个月打包发下去的，他们现在发现问题很大，干好干坏，干多干少，很难管控，他们连课时津贴都没有，学期奖也没有。当时我们学校教师意见很大，说"你看人家一下子发那么多钱……"。但实践证明，我们的做法是正确的，多劳多得，真正调动了积极性，同时教师队伍也很稳定。

第十一，纪律和师德。这方面我就不展开讲了。教师不能做的和应该做的，师德的要求、纪律的约束，作为民办学校是更需要强调的。教师不能只是教书，教育这个行业的特点就是为人师表，身教重于言教，师德要求比一般行业要高。我们所有做教师的人都要有这样的概念，要自觉地接受行业道德的约束，要求学生做到的自己首先要做到，否则是不能做教师的。

第九章　民营学校的运作机制

　　目前我们国家的基础教育是以公办为主的，公办学校占90%以上。高校倒是有不少民办学校，当然民办大学大都属于专科类型的，属于本科的相对要少一点。在基础教育阶段，民办学校占的比例仍然很小。整个基础教育应该在办学体制上做很大的调整。现在我们国家的财政性教育经费在国内生产总值（GDP）中占的比重还是很低的，虽然现在是4%，但有的地方投入还是不够的。即便是4%，虽然比过去有较大的提升，但在全世界仍然是一个比较低的数字，发达国家大概在6%—7%，发展中国家平均下来也是超过4%的。我们的教育投入在全世界是比较低的。教育体制改革还是任重道远的，中国的民办教育不是发展多了，而是远远不够。无论是从学校数量上，还是从学生人数、经费投入上看，整个民办教育的发展还是非常不够的。比如美国和欧洲的基础教育，私立学校所占得的份额比我们的要大得多。即便如此，他们仍在认真地办私立教育。

　　在我国，目前民办学校发展还是非常困难的，并没有得到应有的重视。从政策上来看，民办学校的生存环境也不好。实际上，我们很多地方政府对发展民办教育没有兴趣，他们并不支持民办学校，特别是不支持私立学校。教育行政部门应该是在《中华人民共和国民办教育促进法》这个法律框架内去管理民办学校。

　　公办学校除了受法律约束，还要接受行政管理。行政管理的体制非常不灵活。公办学校的校长是没有多少权力的，除了教师聘用是市场选择，其他全是政府行为。政府行为基本上跟校长没关系，比如说校长任命、编制确立、招生制度、课程制度、人事制度、分配制度、评价制度、考试制度，通通是由政府决定的。现在讲校长负责制，其实公办学校的校长是没有多少责任可负的。学校没有多少办学自主权。

在这种情况下，民办学校的建立有重大的意义。一方面民办学校可以吸引社会资金进入，一般都是企业家、社会人士把自己的资金投入到民办教育领域，给国家解决教育经费不足的问题。另一方面更重要的是，民办学校是用来激活整个教育的。在美国、欧洲都是这样，私立学校有很高的办学自主权，而且是自负盈亏，所以它必须要有种种的改革措施，确保办学质量。像这样的一些改革会使公办学校也受到很多影响。有的时候，逼得公办学校也不得不改。民办学校起到了鲶鱼的作用。

民办学校至少在以上两个方面起很大的作用。它可以使更多的学生，不管是小学生还是中学生，接受更好的教育。但是由于一些政府官员的计划思维，民办学校并没有得到很好的发展，生存非常困难。现在民办学校在东部地区正在萎缩，生存越来越困难。即便是在南京，私立学校基本关门，栖霞区的南江中学是仅存的硕果。

下面讲我们学校。我们学校是2001年由南京市政府决策创办的。因为南京市的优质教育资源主要是指南外、金陵中学、南师附中，这三所南京市最好的学校不能满足广大老百姓的需求。在当时的背景下，市政府有体制改革的想法，可能是因为《中华人民共和国民办教育促进法实施条例》的颁布，允许公办学校参与办民办学校。在这样的背景下，南京市政府明确要办这三所学校的分校，这件事还入围当年南京市政府的"二十件大事"，这是办学背景。现在再深入讲一点这所学校的性质，因为学校的性质讲清楚以后，才能够在这样的背景下理解学校的种种做法。

一、股份制学校：办学体制的创新

南外仙林分校是股份制学校，这是办学体制的一种创新。南外仙林分校开办之后，得到广大市民的追捧，大家都愿意把孩子送到这所学校，因此学校发展很快，到现在已经十多年了。在这样的情况下，有人质疑这所学校的性质，不光指我们这一所学校，是针对这一类学校——名校办的民校，即著名学校办的民办学校，质疑这些民校是"假民办"。传言南师附中江宁分校和金陵中学河西分校要改成公办学校，南外仙林分校要改成私立学校。这份传言报纸上都登了，据说是教育厅的有关负责人指出来的，而且是其在某某会议上这样讲的。我看了以后非常生气，因为这种说法没有任何依据。其实我知道背景，那是某个教育行政人员发表的个人见解，并不是在会议上说的，当然这个个人见解代表了相当一部分人的意见。随后我在学校的网站上公开发表了一篇文章——《股份制学校是教育体制的创新》，对这种说法进行批驳，如果说南外仙林分校是"假民办"，恐怕中国除了完全的私立学校以外，就没有什么民办学校了。

我接下来就谈谈这所学校的性质——股份制学校。什么是民办学校？民办学校有几个界定的要点，只要符合这几个要点，就是民办学校。

第一，非国家机构和个人创办。不能是国家政府来办，政府办的是公办学校。南外仙林分校不是国家办的，也不是政府办的。我们还有几家股东，不是国有企业就是民营企业，肯定不是国家或政府。其中，仙林大学城是开发公司，是国有企业；开元集团是国有企业；雨润集团是民营企业；还有一个香港的控股公司，也是民营企业。全部是企业，没有政府。

第二，非财政资金。就是资助单位的出资一定是非财政资金。我们学校的出资不是财政资金，是企业的资金。虽然有南外，南外只投入1500万，这1500万不是国家给的经费，而是家长给学校的捐赠。

第三，"四独立"。一是学校法人资格独立，就是说我们学校不能是南外领导下的学校，南外仙林分校是一个独立法人学校，南外跟南外仙林分校不是领导与被领导的关系，南外只是大股东。我们学校，我是校长，是由董事会聘请的校长，然后我提出副校长人选，由董事会来批准，所以学校管理体制是董事会领导下的校长负责制，因此南外仙林分校是独立法人。二是独立的校舍，南外仙林分校的校舍是完全独立的，包括师资也是。三是有独立的招生计划，独立颁发毕业文凭。四是独立的财务，南外仙林分校的财务也是完全独立的。

第四，国有资金不能流失。比如，南外、仙林大学城及开元集团向南外仙林分校提供的资金不能流失。实际情况是国有资金不但没有流失，反而是大大增值了。它升值到了什么程度，前面我也提过，贷款已全部还清。换句话说，这十年，学校价值已经从当年的7500万涨到了3亿。同时学校本身又大

大地升值了，土地、校舍全部增值。专家评估，现在这所学校的总资产超过
10亿，其中大部分是国有资产，小部分是民营资产。从这样一些界定民办学
校的要素来看，这所学校完全是民办学校。严格地讲，唯一有瑕疵的地方就
是学校的名称。这个在前文说过，这里不再赘述。

二、办学优势：办学自主权的表现

　　股份制民办学校界定得非常清楚，南外仙林分校完全不是"假民办"。
而且我们根本不可能改成私立学校，如果改成私立学校，在中国生存是很难
的。我们有特定的优势，才能在这样的夹缝中生存。如果说倒退回去，改成
公办学校，我们更不愿意。公办学校的体制有很多限制，办学自主权小，很
多事情都是由政府决定的。比如说有不合格的教师，你要把他转岗或者把他
辞退，根本不行。你想给优秀教师加工资，多发奖金，也不太可能。所以我
既不愿意改成公办学校，也不愿意改成私立学校。公办学校是政府把你管得
死死的，私立学校是老板干预非常多。像我们这样，政府不管，老板也不
管，我们有很大的办学自主权。南外仙林分校之所以能够实施全面改革，并
不是因为我们有钱，而是因为，第一我们有很大的办学自主权。我们自己决
策之后，就可以实施，没有中间环节，不需要谁去批准，我们自己慎重决策
就可以了。因为有这样的办学优势，所以这个学校才能迅速发展起来。这是
股份制学校的一个优势。第二得益于我们的管理体制，董事会领导下的校长
负责制。董事会以投资方为主，还有学校校长及教师代表。它管学校大的方
面，预算、招生、工资等主要环节，具体的行政运作是不管的。我们在这样
的体制下放手去工作，在运作中有很多跟其他学校不同的地方，具体表现在
如下六个方面。

　　一是薪酬制度、分配制度。公办学校基本上是"大锅饭"，平均分配。
但我们不是，我们实行结构工资制，干得好的多得，这是民营学校的运作方
式。这就能够调动教师的积极性，使他愿意多干，而且把它干好。不认真
的、水平不够的、方法不对的教师，在这个地方是很难混下去的。

二是人事制度。我们的"进人"和"出人"制度都和公办学校非常不同。公办学校的教师是不可以流动出去的。我在南外的时候，有极个别老师完全不行，我们把他的课停掉，让他转岗，比如到图书馆。这样的决定竟然受到行政部门的正面干预，说是要落实知识分子政策，真是匪夷所思。从做事的角度看，这肯定不是好的制度。我们学校所有"进人"都是这样，先登招聘广告，然后组织报名，看简历，面试，听应聘者上课，最后决定录不录取，完全是市场行为。

人事制度还表现在干部任用上。干部在民办学校是能上能下的，我们学校就搞过竞聘，很多干部就是通过竞聘方式上来的，位子公开，大家自主报名，然后我们再进行考核，进行辩论、民意测评，最后才做出决定。这在公办学校不是没有，而是很少。校长这个位子，基本上是没有竞聘的，副校长偶尔会有竞聘，中层干部也很少竞聘，绝大多数职位还是采用任命制，这样的干部制度也是不容易搞活的。在我们这边，如果你做不好的话是要下去的。当然在这个问题上，我承认目前还没有完全形成比较合理的、操作很到位的干部制度。按照我的思路，干部任用，资历是一方面，最主要的是看他的观念和能力。如果观念可以，能力到位，就是二十几岁也可以任命。

三是和政府部门的关系，就是和教育主管部门的关系。教育主管部门应该在法律框架内管理我们，而不是以行政命令管理我们。他们对民办学校的管理不应该完全采取行政的方式，不应像管公办学校那样去管。如果我们学校有违法行为是要管的，我们要接受批评、处罚。如果我们学校在财务运作上有违规行为，他们也是有权审计、有权处罚的。对于民办学校，教育主管部门应该在法律框架内管理，在行政范围内少管。管得越少，民办学校活得越好。教育主管部门如果对我们学校像对待公办学校一样管得那么死，这所学校肯定难以发展，很多改革根本无法操作。

四是课程制度。我们课程那么丰富，要是公办学校，教育主管部门根本不会允许你这样搞。你必须把升学考试的这些科目、课时搞上去，要保证升学率等。我们学校的课程制度，也是我们自己设立的，这是需要很高的办学自主权的。

五是机构设置。我们现在设大教导处、督导室、教科研中心，公办学校根本不允许你这样搞。大家都是教学处、学生处、教科研，你为什么搞大教导处？你们学校凭什么要设督导室、教科研中心？像我们学校还有外事办、信息技术中心，在公办学校教育主管部门大都是不可能同意设立的。在机构设置方面我们有自主权，可以自主设立。

六是依法治校。依法治校，有些方面公办学校是可以做的，有些是不好做的。可以做的比如教代会、少代会、家长委员会。但是像我们这样的运作方式，他们很少能用。我们都是采取民主选举的方式，都是无记名投票的。据我所知，绝大多数公办学校做不到。他们不敢公然这样去做，万一投票失败了呢？比如我现在代表学校做学期工作报告就是采用无记名投票。我们不搞鼓掌通过、举手通过。像一般学校，谁敢在校长、书记眼皮底下不举手呢？我们在刚建校时搞过一次，我就发现这个掌声响起来，我心里很不是滋味。后来我们把它改掉，改为无记名投票。既然是民主选举，你认为你的工作是经得起推敲的，就不要怕。我们学校搞了这么多年无记名投票（除了第一年），我代表学校做的报告，到现在为止，一票反对都没有，但是有几票弃权。工会报告和提案工作报告，有若干反对票、若干弃权票，全都以绝对多数票通过，这不是很好吗？从一开始的几十个教师代表到现在一百多个教师代表，学校已经有七八百个正式的教职工了。你要相信，如果你用高压的方法，人家也不敢不举手，最后你得到的是一个看起来很光鲜的数据，但是并不代表民心。少代会、学代会同样也是完全无记名投票的。

三、教育惩戒权的行使

另外我再讲一个《南京外国语学校仙林分校小学部学生惩戒条例》（简称《学生惩戒条例》，见附录三）。这是很多媒体再三想了解的，也是我们在依法治校方面的一个创新。我们国家有关法规规定，教师不可以体罚、变相体罚学生。尽管我认为这样的规定不符合实际情况——现在世界上很多国家都有对学生惩罚的规定。日本、韩国是可以打学生手心的，过去中国的私塾也是可以的。但是现在谁触犯了这样的原则，谁就要受到处罚。光是我们学校，十年来因此解聘的教师就有三个左右，还有几个生活老师。特别是才入职几年的教师，一着急就动手了，动了手以后就要处理，国家有这个规定，我们只好按规定办，要不然我们就违法了。学生再调皮、再捣乱，教师再有意见，也不能动手。我的问题是：谁来保护教师的尊严？谁来保护教师的安全？谁来维护多数教师的权益？谁来维护正常的教学秩序？

我们小学部的首任校长，岁数也跟我一样大，她那个时候将近六十岁了，被学生家长打了，像这样的情况，谁来保护教师呢？每所学校，特别是生源差一点的学校，总有一些调皮捣蛋的学生，就是攻击性、侵略性很强的学生。现在都不能体罚，也不能变相体罚，那怎么办？

教育有两类刺激，一类是阴性刺激，一类是阳性刺激，处罚属于阴性刺激。阴性刺激十分必要。如果没有处罚，没有纪律处分，没有不及格，哪个学校能办下去？不上课也无所谓，旷课也可以不受到任何处罚，这怎么可以呢？必须要有阴性刺激。我们接触、采访了我们学校的很多外教，来自美国的、澳大利亚的、韩国的、德国的等，他们国家都有体罚或变相体罚。因此我们制定了学生惩戒条例。比如侵略性强的学生，在我们这里是可以关禁闭的。但关禁闭我们会注意，给他一个板凳坐，不会让他站着。他坐在那儿，不许做任何事情。我们不是把他一个人放在那儿，里面起码有一个老师，老师在做自己的事情，备课也好，批改作业也好，看书也好，但是都不理他。一个小时，两个小时，他上厕所老师陪他去。什么时候想通了，愿意承认错误、改正错误，才放他出来。一般学校敢这样去做吗？我们就这样做。还有的住校生，在校教育不起作用，罚他回家一周，学校不提供住宿。家长只好在学校附近租房住，有时就住在外面的旅馆，还有的干脆把孩子接回去。七天之后，你认识到错误了，表态改正错误，检讨了，学校才恢复你住宿的资格。有的甚至是把学生的课停掉，你什么时候想通了什么时候才能回来。没有这样的一些手段，就无法保证其他学生的安全、正常的教学秩序、教师的尊严和安全。

四、招生与资金运作

和一般学校不同，我们学校招生是由我们自主决定的。公办学校划片，特别是在义务教育阶段，必须在这个范围内招生。我们是自主招生，理论上是面向全世界的，讲得小一点也是面向全国的，再小点是面向全市的，公办学校在这方面没办法与我们相比。这是招生制度。

收费也是按照成本收费的，政府是不给我们资金的，财政上没有支持，完全靠收学费和接受赞助费。我们收费是南京市最高的。每个学期收费达到一万一、一万二左右，因为我们的成本高。在资金运作方面我们也有独到的地方。我们小学很大，初中比小学要小，高中比初中还要小，是金字塔形的。这种金字塔形的设置，使我们学校基本上依靠自己的生源，比如说，初中主要靠小学生源，高中主要靠自己的初中生源。由于这样的设计，我们的资金运作非常好。因为小学可以100%地收费，对于高中，前面我也讲了，很多学生是不能那样收的，你要免他的学费，或者收的很少，赞助费更不能收。这样的设计，第一可以使我们的生源有保证，第二使资金有保证。所以在收费和资金运作方面，我们有自己的独特思路。招生、收费、资金运作，完全是我们自己在做，这也是民办学校的优势。对于养老保险，我们学校设立了专项资金，每年投入200万元，打入专门的账户，任何人都不能动用。现在五年已经打入了1000万元，基本上可以确保我们学校所有教师退休以后可以享受跟公办学校教师一样的待遇，不足的部分由学校董事会提供，保证教师无后顾之忧。

刚才讲的都是民办机制下的办学自主权，以上各个方面是它的表现，这些都是我们学校的优势。并不是因为我们资金充足才能进行全面改革，很多改革需要那么多钱吗？课堂教学改革、德育工作改革要花什么钱？当然跟机制有关系。

在苏州国际外语学校那几年，我已经清楚"把民办学校办好要有资金"这个道理。公办学校根本不用考虑资金的问题。在民办学校，就不得不考虑资金问题。另外，在民办学校，你不得不考虑生源问题。所以从这两个因素出发，必须要把小学办好。办好了小学，能有相对充裕的生源，同时又有比较充裕的资金。小学只比中学差1000块钱，其实小学成本没有中学高，另外小学不用减免任何学费。

这所学校的改革，包括评价制度，特别是结构工资制，是我借鉴了苏州国际外语学校当时的做法，并根据南外仙林分校的情况做了一定的调整。从这个方面来说，我们的做法是在引领南京的民办教育。其他学校开始不知道怎么去做。我们一上来就办小学，最后他们发现，必须要办小学。后来我告诉他们，你们要办国际高中。我们率先办了国际高中，而且办得很好，一开始他们也没什么反应，最近三年左右，他们也开始办国际高中了，这都是必然的。我们学校施行结构工资制度，他们一开始不以为然，现在发现还是这样好。这就说明，民办教育要按照民办教育的规律去办。如果给你这样的自主权，你不把它用足、用好，那你为什么办民办学校？从这个意义上讲，说我们在引领整个南京市的民办教育也不为过。

五、敢为人先：引领南京教育

从实践的角度看，我们的三项中心工作，即理想教育、课堂教学改革和班级管理体制改革都在引领着南京教育。最近几年，南京市大型的现场会就开过四次，全部在南外仙林分校。从中可以看出我们的改革在南京市的影响。我们搞了一个仙林地区的班主任联盟，像我们的一些做法，有的学校也在做。范围再大一些，像班级管理体制改革，全国已经有不少地方都在探索。镇江市润州区是最典型的，全区以教育局行政的力量去推进班级管理体制改革。我和几个老师专门去他们那边，给他们的校长、班主任做过学术讲座。他们也到我们这边来学习过。还有像四川省、广东省、浙江省、河南省、江苏省除南京外的其他一些地方，也开始实施班级管理体制改革。刚才讲的这几个地方，我都去过，给他们专门讲班级管理体制改革，他们很感兴趣。最近几年，我去北京、山东、河南、安徽、四川、广东、浙江、江苏等地讲学或在校内接待来访，专场学术报告超过一百场。在南京市，我经常会在南京师范大学、江苏第二师范学院的一些校长、班主任培训上讲。还有外地教育考察团每次到南外仙林分校来，都希望我专门讲一些改革专题。其实也不光是我，学校还有其他老师也出去讲。对于我们的一些改革做法，大家起码了解了很多内容。另外，在南京市的一些报纸杂志上也有很多报道、宣传。各地学校之所以愿意邀请我们，或者他们愿意专程过来，是因为他们发现我们的改革实践经验有用，符合教育规律。能不能做好是另外一件事，要真正想做，他们会根据学校自身的情况创造性地去做。

现在我觉得，南京市教育界还是公认南外仙林分校是在进行全面的教育改革的。南京师范大学出版社跟我们合作出版了一套丛书，包括《中小学班级管理体制改革》《教育力与教育关系》《科技教育》《外语教学》《第二课堂》《心理教育》。我还有一本教育文集要出版，三篇文章要完成，即《谈教育的二元论》《民办学校的运作机制》和《办学国际化》，也要有六七万字了。从这些也都可以看出，我们民办学校是在激活公办教育。我们有这么多的改革，不能简单归结于因为我在这里。这里没有我，还有其他的人，有这样一种机制，有这么多的改革，确实影响了很多学校。像这样的影响，有时候不是现在就能看出来的，随着时间的推移，我们能看出更多的影响。

现实忧思：
民办学校路在何方？

- 大家在加课，我们在减课，学生一天到晚蹦蹦跳跳，我们是跟很多学校不同的学校。

- 培养学生，不只是把他送进大学校门，而是要让他适应生活、适应社会。

- 要把一所学校办得比较好，特别是像我们这样的比较大型的学校，如果没有智库，没有有经验的人出谋划策，提供智力支持，那就叫自娱自乐。

- 我们是在寻求教育"回家"的路。

第十章　理论根基：教育力与教育关系

一、尊重规律：从经济看教育

要办一所好学校，到底应该做好哪些方面的工作？是不是只抓应试？一所好学校应该具备哪些因素？应该怎样提高学校的办学质量？这些事情如果不搞清楚，我们办的学校就会很普通。学校办学有两个维度，一个是显性的，一个是隐性的。所有的教育行为都是在一定的关系下进行的。现在的教育学（包括我当年学的教育学）基本上是平面式的。但是作为一个行业，教育是怎么运作的？学校是怎么运作的？它的内在矛盾是什么？驱动力是什么？怎么往前发展？这个恐怕很多人都不太清楚。如果这些问题不搞清楚，我们对教育的理解就是平面的。

教育应该是有内在联系的，否则我们就很难从必然走向自由。如果我们不知道教育是怎么运作的，我们的很多行为就会是盲目的。它为什么是这样，不是那样，为什么这种做法是合理的，那种做法是不对的，我们要有一个内在的依据。这个依据就是教育力与教育关系的假设。

全世界的行业大致分为三大产业：第一产业主要是农业，第二产业主要是工业，第三产业就是服务业。

我们从社会生产来看，存在这样两个要素：生产力和生产关系。生产力是指人类征服自然、改造自然，获得生活资料、生产资料及繁殖人口的能力，只有让劳动者运用劳动资料，作用于劳动对象，才能产生劳动成果，这就是生产力的概念。劳动者、劳动工具和劳动对象三者以一定的方式结合起来，这样的方式就是生产关系。生产关系要适合生产力的发展，如果不适合，生产力就会强行冲破，要求生产关系改变。只有改变生产关系，才能促进生产力的发展，才能使我们生产出更多的物质产品，更好地满足人们的需要。

二、把握教育脉搏：教育力与教育关系解读

那么教育呢？教师是劳动者，学生是劳动对象，粉笔、各种设备、桌椅板凳等都是劳动资料。教师通过这些劳动资料作用于学生，产生了教育力，这样理解会比较简单。教育力决定教育关系。教育关系一定要适应教育力，不适应就要改变。

教育既然是第三产业，应该是服务业，就是为学生、家长服务的。既然教育是服务业，其运作机制就应该类似于第一、第二产业的运作机制，这就是我的思路。我们把它叫作教育力与教育关系，这样更准确。

（一）教育力的定义

我从生产力的角度，对教育力下定义。教育力是指人类社会通过教育过程，使受教育者素质全面提升的能力。从这个定义来看，"唯升学率"多荒谬。它只要受教育者应试的素质提高，那思想素质、身体素质、心理素质、道德素质等都不要提高了？

对教育力的分解，现在进入这样一个阶段了。首先是劳动者，是指教师和学校管理者。劳动者的素质可以分解为思想理念、理论修养、专业素养、文化知识、道德水准、技能、人际沟通等。劳动者要想提升自身素质，这些方面都要提升。因此，你要有很好的教育观念、理论修养，你要去读书、搞教科研，丰富自己的专业知识并扩大知识面，提高师德水平和具体的教育能力，还要注意跟大家沟通。这就是教师队伍建设，你要把它重视起来，这是教育力发展的需要。

其次是劳动资料。劳动资料对学校而言就是粉笔、黑板、道具、实验仪器、投影仪、校舍、课程、课标、教材、教学参考书等。它是跟工业、农业一脉相通的，只不过在这个地方，它已经不是工业、农业的相关概念了，这都是劳动资料。

最后是劳动对象。教育对象是学生。这个劳动对象跟第一、第二产业的劳动对象有三个不同的地方。第一，学生是生命体，他要受到新陈代谢的支

配。农产品是有生命的，工业产品一般没有。但是学生是高级生命体，跟农产品是不同的。学生既然是活生生的生命体，他就要受到新陈代谢的支配。他应该学多久、休息多久、锻炼多久、游戏多久，都是有规律的。现在的应试教育，大运动量、高强度，是不是违反了这样的规律？学生缺少睡眠、很少游戏，体育锻炼也很少，这是违反规律的。学生是特殊的劳动对象。第二，他有个性，不像其他产品基本都一样。工业产品都是一样的，但是学生不同，任何学生都有他的独特之处。学生是有个性的，我们对待学生不能像对待工业产品一样，而是要对他们进行有针对性的教育。第三，学生有主观能动性。这是其他任何产品都不具备的。动物有生命，但是没有主观能动性。我们要充分考虑学生这三个特点。现在往往都不考虑这三个方面。"教给你什么就是什么，你把它记下来、背出来、考出来就可以了。"德育工作也常常是这样，看不到学生的主观能动性。

（二）教育力的五个要素

教育毕竟不是工业，也不是农业。如果把教育各个方面的要素分解一下，我会把教育力分为五个方面。

第一，教育思想和学校文化。如果能端正教育思想，很好地发展学校，进行学校文化建设，学校老师和学生素质都会得到提高。全面发展教育力，就要重视教育思想、文化建设。但是应试教育很少考虑这些方面，只是让学生多上课、多做作业、多考试。

第二，教师素质和学生素质。学校教师素质越高、学生基础越好，学校教育质量就越好，所以要全面提高教师、学生的素质。

第三，学校的资金和设施。一般来讲，学校投入越多，教育水平就越高。比如，"211"学校就比一般学校投入要多。你的设施越好，设备越先进，实验室水平越高，当然越容易出成果。所以，资金和设施的重要性，谁都不会否认。没有钱，很多事情很难办。

第四，课程计划和课程标准。这就类似于工业里的那些程序和图纸。在操作的时候要有我们的课程计划和课程标准。什么叫课程计划？就是你到底开哪些课才能使学生相应的素质得到提高。国家规定开那些课程是有它的道理的，但是在很多学校的实际操作中，如果是升学考试要考的科目就拼命开，升学考试不考的科目就减少开，甚至不开，这样，学生的素质发展就会受到很大影响。课程标准就是学生学习课程后达到什么要求，有的学校是降低要求，有的学校是片面拔高，这都是不对的。

第五，教育方法和教育科研。科学技术是第一生产力，教育科研、教育方法是非常重要的，也可以说是第一教育力。我们进行课堂教学改革，就是从这个维度来考虑的。

这样就把整个教育的要素考虑进来了。我们衡量一所学校是不是高水平的学校，要从这五个方面去看。我看一所学校的办学水平，绝不是只看它的升学率。比如有些学校应试教育搞得很厉害。也许从升学率上来看，从奥赛金牌获得数量上来看，从上北大、清华人数上来看，这些学校相当不错，也因此被绝大部分人追捧。我觉得我们不属于这个"绝大部分"，我们还是清醒的。但是从教育力这五个方面来衡量，那就不一定了。它可能资金和设施比较好。如果从某些特定的方面去考虑，它的教师素质和学生素质也可能比较好。这些教师的学历比较高，特级教师、名教师比较多，教师们不计报酬，起早贪黑，也很讲奉献。学生也是经过选拔的，全省、市的优秀学生都集中在这里了。从这个方面讲，它的学生素质也不错。但是，如果从更多的方面来考虑，比如在教育理念方面，在文化、能力方面，它可能就不是很好。它的教育思想、学校文化可能就更不敢苟同了。有的学校的教育思想就是应试，学校文化也很单调。它根本不执行国家规定的课程计划，任意拔高或者任意降低课程标准中的要求。最后，它的教育方法，就是那种拼命干的方法，并不去考虑自主、合作、探究。有些学校也很重视教育科研，但它的科研集中在怎么提高学校的升学率，并不一定是怎么促进学生素质的全面发展。这些超级学校并不是非常好的学校，它的教育水平并不是一流的。就教育力来看，你要办教育，就不能只抓升学率、教研活动、上课、考试、作业这些方面，而是要全面去抓。

（三）教育关系的三个层面

教育者在一定意识驱动下，依据课程计划和课程标准，运用教学设施和相应教育方法，对教育对象实施系统影响的过程与效果，就是教育力。教育关系是借助教育力五要素，建立起的一种社会关系。这是一种比较规范的解释。但是，如果用大家比较熟悉的词汇来表述，就是教育行为的外部关系。比如我们的管理工作、德育工作，都是在一定的关系中进行的，这种关系就是外部关系。学校是采用班主任个人负责制，还是班级教育小组集体负责制；教师是在大教导处这样的中层关系下，还是在那种中层分立的关系下；是在公办学校还是民办学校；教育者工作的客观驱动机制，教师工作要有相应的评价制度、分配制度，这些都是教育关系。

我把教育关系分解为三个方面：第一，学校体制与办学环境；第二，管理体制与管理方式；第三，评价制度与分配制度。比如学校体制，有国有的、私立的、股份制的，还有更多类型的。另外，办学形式同样也属于教育关系。比如我们是把外语作为我们的主打项目，南京市第九中学把艺术作为他们的主打项目，宁海中学把美术作为他们的主打项目。我们的生源跟同类学校相比差不多，但是为什么我们的教育效果比他们要好，升学率比他们要高？南京市第九中学、宁海中学的升学率很高，也是因为他们的办学形式有特色。除了所有制以外，办学形式、学制、办学规模、内外环境，都属于教育关系。这个跟学校的生源、师资、硬件条件、学校性质是没有关系的。但是，它确实影响整个学校的教育力水平。

刚才讲办学形式，比如学制，有的是小学6年、初中3年、高中3年完全分开，有的不是，而是"6+3"，或者"3+3"，像我们现在是"6+3+3"，学制不同，它产生的效果就会不同。现在片面要求全部采用"6+3+3"学制，小学、初中、高中完全分开是没有道理的。应该要保留一些连起来的初中、高中，叫"完中"；保留一些"6+3"，即小学和初中在一起的学校；还有像我们这样"6+3+3"的学校。这就有利于整个学校教育的实施。比如像我们这样的学校，就可以做从小学到初中、高中的一条龙设计。

我们现在的办学思想、理想教育纲要、外语教学、心理指导等已经是十二年一贯制了。接下来我们要求语文、数学、艺术、德育等，小学、中学要全部衔接。这样的要求，我觉得无论从十二年来考虑，还是从九年来考虑，都可以减少那些重复劳动，比如再三的复习、考试等。这个也是教育关系，它跟教师、学生水平无关。如果把这个搞好了，学校的教育质量就能提上去。

管理体制与管理方式，比如班级管理体制改革、中层管理体制改革等，这些可能大家知道的比较多，我就不具体说了。

评价制度与分配制度。多元化评价，比如教师多元化评价、学生多元化评价、学业水平多元化评价，另外像结构工资制度等，都能激发、调动教师的积极性，提升教育质量。

三、以教育力为纲：教育的回归之路

教育力和教育关系这一理论的价值，就是实现从以升学率为中心，转变到以教育力为纲，这是学校教育科学发展的必由之路。以教育力为纲，就要全面发展教育力，提高办学质量，全面提高教育力的各个方面，而不是只抓住其中一个部分。

（一）中国教育改革的主旋律

第一，学生发展的规律要求学校必须全面实施素质教育，实现教育力的全面提升，即教育的回归。教育应该是全面优化学生素质，而不是只抓升学率。以教育力为纲，就是使我们在从事教育实践的时候，有一个比较正确的方向和做法，不会只是片面去抓升学率。第二，调整教育关系就能够实现学校教育从计划体制到市场体制的转型。我认为我们现在的教育体制还是计划体制，还没有成功实现转型。我们的经济实现转型了，但教育没有转型，所以教育全面落后。如果我们注意调整教育关系，就能够实现转型，特别是在办学体制和管理体制方面。如果我们能够全面执行改革，我们就能从计划体制转到市场体制，就能够跟上整个社会的发展，教育才不会被大家这样严厉地批评。

教育力和教育关系的理论价值主要是，揭示了学校教育运作的内在矛盾。以往的教育研究大都是在静止的、割裂的状态下进行研究，比如单独研究德育工作、教学工作、后勤工作等，而不是将它们联系起来作为教育力的整体来研究。静止地研究我们的教育质量应该如何提高，而不是从动态的角度去研究。教育力和教育关系理论告诉我们，应该在教育力全面联系中去研究教育，还要从发展的角度，研究教育力和教育关系的矛盾运动。教育实践发展了，为什么教育质量上不去？可能是教育关系方面出了问题，于是我们来调整教育关系。调整好了以后，教育力才会向前发展。比如在班级管理体制方面，我们发现班主任个人负责制存在很大问题，于是对它进行了调整，建立了班级教育小组集体负责制。随着运作，我们发现班级教育小组制度也会出现问题。不要认为你找到了解决办法后，就会一劳永逸。教育就是在动态过程中去发展的，没有终止。因此，教育力和教育关系理论阐明了教育的内在有机联系和动态发展，从而揭示了学校发展的内在矛盾和运作规律。

（二）撬动改革的阿基米德支点

南外仙林分校所有的改革都是建立在教育力和教育关系理论基础之上的。有这样的理论支撑，我们就能全面发展教育力。提升教育力从五个方面去做。然后调整教育关系，它在基层、中层、高层如何设计？评价制度、分配制度怎么改？内外环境、学校的体制、机构设置等方面的关系如何处理？这些我们都很重视。学校办学要依靠各个方面，一定要保持好外部环境。我们不能使这些环境恶化，包括跟媒体、教育主管部门、教育业务部门、社区，都要保持非常好的关系。有人觉得这很奇怪，你跟地税局、物价局还要保持好的关系？我们是民办学校，不能不保持好的关系。我们的收费要由物价局批的，如果关系搞不好物价局可能就不批准。跟媒体关系搞得好，他们能帮我们学校做一些正面宣传，控制负面的新闻报道。这些都是教育关系。看起来我们是在做单方面的工作，其实都是有理论依据的。内部关系，就是行政干部和教师的关系、教师和学生的关系、教师和教师的关系、管理者和管理者的关系等，这些关系都要搞好，这都是非常重要的。教育力和教育关系的理论是我们整个改革的基础。

2008年，我正式提出教育力与教育关系。其实在这之前就有很多的讨论，这个理论是我们第一次提出来的。首先大家先了解这个理论描述的是什么，然后再去考虑它是否合理，当然以后我们可能会做更深入的分析。我想这些工作只能等我退休之后再做了。

教育力与教育关系理论及其实践将引领中国的教育改革，成为中国教育改革的主旋律。它同时也是一个变革的理论。实际上存在这样两个维度，即教育行为的维度和教育关系的维度，所有的行为都是在关系中进行的。这两者结合起来才能产生教育力，从而提升整个教育质量。

我现在只敢说我们触摸到了这个脉搏，但是对教育力与教育关系理论，我觉得我们认识得还不到位，但是既然触摸到了，就表明它是客观存在的，这也叫规律。其实我们做任何事情包括办教育，都是在探求规律，要按规律去办事。既然我们认为它是规律，是不可违背的，那我们就要这样去做。我觉得大家逐渐地都能够走到这条路上来，越来越多的学校、越来越多的教育人是会认识到的。比如"三好学生"评比、优秀学生评比，在学生阶段就给孩子下整体结论，而且这个整体结论主要是依据考试成绩，这绝对是不合理的，所以多元化评价迟早要为大家接受的。比如，你说光抓养成教育行吗？人的行为是受动机支配的，有明确动机学生才会比较自觉，理想教育难道不是整个德育工作的纲吗？不抓住这一点，学生不想进步，你使再大的劲都没有用。只有抓住了这一点，才会逐渐带动学生的学习，带动学生的行为，带动整个学校教育。所以我们把理想教育作为德育工作的纲，而且置于三项中心工作之首，通过理想教育带动整个德育工作、带动整个教育。像这些东西迟早会被大家认识到的。当然对这个理论，我觉得很遗憾的是，我们的理论工作者看到了，但是没有给予足够关注。如果有一批理论工作者能够集中研究这个理论，我觉得教育力与教育关系理论就要比现在合理得多、精致得多。

第十一章　内忧外患：民办学校的生存境遇

一、当教育改革遭遇社会关系

关于学校规模的问题。这所学校在不断地发展壮大，有一种"做大做强"的趋势。其实，我是非常不愿意这样的。但是现在有两个问题，第一是来自董事会的压力，第二是来自各个方面的压力。怎么说呢，比如像今年小学一年级招400个人，实际报名3000多人，择优录取200人，其他200人是计划外的。现在，非常多的人在争夺这200个名额。我现在的压力大到什么程度呢？每天一开手机，起码有10条短信是要推荐孩子来上学的。从省到市到区，股东单位，各行各业，还有校内教职工以及亲朋好友。说起来不过是推荐一个孩子上学，而且费用照交，你能不答应吗？但实际上我确实答应不了，缺口太大。按我的本意，3000人来考，择优录取400人。但根本做不到，一来学校办学资金还不充裕，二来很多方面的关系必须要考虑，否则严重影响办学，压力真的是很大。我现在干脆一年四季不开手机，跟他们不形成互动。所以，并不是我要把学校办那么大，主观上我并不想这么做，但客观上真是没办法，这就是教育关系，你不能不考虑到这样一些关系。本来我们承诺36人一个班，目前扩到42人一个班，我想将来应该是32、28人。最终我的理想是一个班级24个孩子，基本上达到美国、欧洲国家公办学校的班级规模。

造成这样的现状有两个方面的原因。一方面，优质教育资源缺乏，现在很多学校办得不好，就是在应付。当然它的生源、师资也不理想，所以也很难办。另一方面，家长的期望值不恰当地提高。现在看病全要挂专家号，上学要到名校。有时候学校的发展、教育的发展，完全赶不上这些家长的内心期待。可以说大部分孩子上各种各样的班根本没用，有的甚至是副作用，但是他就要上，别人上了他不上觉得吃亏，"我们已经被耽误了，我的孩子不能被耽误"，"只要有条件一定要给他最好的教育"。你到国外去，中国旅客购物比人家出手要大方得多。这都是我们现在国民的现实情况。我们真是很难，整个办学环境也是在困境中发展。办教育的要协调各方面的关系，这其实不是我该考虑的事情。按说校长只管怎么办学、怎么把教学水平提高、把师资水平提高、把学生素质提高就好，其他事情不是我管的，但是现在逃脱不了。这就是现在教育的困境，其实我想各行各业也都是这个样子的。

二、现实困境：民办学校的弱势地位

按照法律规定，民办学校应该与公办学校有着同样的法律地位，但是在实际操作上，民办学校处于弱势地位。现在很尴尬，比如说评优、评学科带头人，在实际操作的时候，首先会满足公办学校的要求。这样的问题不光是我们学校，其他民办学校也会遇到。从这点上来看，民办学校没有达到和公办学校完全平等的地位。

比如说在养老问题上，民办学校教师退休后根本不会享受公办学校教师的待遇，他们的退休待遇要低得多，目前是公办学校教师的50%。这就是说，民办学校在法律上没有获得与公办学校平等的地位。尽管在有些方面，比如说对于我们学校的学生，他们是没有歧视的，但是不少教育官员确实是没有把民办学校当作他们自己的学校来看。

其实政府官员应该这样想，不管是什么性质的学校，只要是在我的管辖区域内，都是我的学校。比如说私营企业，它不是你的企业？难道只有国有企业是你的企业？南京市的私企可能要占相当的比例，但是政府还是偏向国企，尤其是那种垄断的大国企。类比在学校，这种情况也是存在的。其实对私营企业的歧视、对民办学校的歧视在一定程度上还是存在的。

跟这个相关的，我们的招生、收费还是会受到很多限制。比如说招生，对于高中招生，江苏省教育厅出台了一个规定，任何一所学校到其他地区招生，必须得到当地教育主管部门的批准。你去招生，当然是要招收好的生源，他们怎么可能会批准呢，没有一个政府会批准。实际上江苏省的这个规定，会造成"保护落后"这样一种效果。因为你去招生，一般是去经济相对落后的地区，你要这样想，我把他招来，是给他更好的教育，这有什么不好？所以像南师附中江宁分校，本来他们高中生源的三分之二是在外面招的，出台这样的规定之后，他们外面的生源减了一半。我们还好，我们本来就只招一个班，就是招贫困学生，不仅学费免费，还给他们发生活费。我们每年都有这样一个班，有三四十个学生，这么多年，这个班发展得非常好。但是现在人数有所减少，学籍要靠他们自己解决。解决不了的，我们就不要他的学籍了，如果你高考考得好，你算哪个县的都行吧，我们就只当为国家培养人了。我们的高考升学率是不统计这些人的，因为他们的学籍不在我们这里，还在原籍，但是他们根本不在原籍读，三年都在我们这里读。像这种情况很严重，会给我们的招生带来很大的障碍。我们还是很大度，不去计较，我们只要把学生培养出来，他们能有一个很好的前景就可以了，老百姓认我们学校就行了。但是要从学校来看，这样做极大地降低了学校的升学率，这也是我们办学的极大困难所在。这是从高中招生方面来看的。

从小学、初中的招生来看，我觉得没什么问题。但是收费问题是困扰我们的很大问题。到现在为止，对于计划外招生，我们根本不敢收赞助费。因为政府规定，民办学校不可以收取与入学挂钩的费用，即赞助费。但我想讲的是，几乎所有的民办学校，没有赞助费是活不下去的。因为这个学费标准是十年前定的，到现在涨了不到三分之一，而物价涨了一倍都不止，所以这个学费根本就不够。学校的运营，比方我们学校的赞助费要占到学校收入的三分之一左右。如果没有赞助费，学校根本无法运营。但是现在就是规定民办学校不可收取与入学挂钩的赞助费，这是非常重大的问题。对于民办学校来说，招生问题、收费问题都是非常重大的问题。如果没有生源，没有钱，怎么办学？不像公办学校，经费是国家划拨的，民办学校不是的。我们在学校网站上登了"欢迎社会各界向我们校庆十周年慷慨解囊、捐赠"的标准。我们的篮球场和足球场要加盖屋顶——我们不搞体育馆，因为体育馆的利用率太低，体育馆只能是一个班在里面活动，篮球场和足球场加上屋顶起码可以容纳三四个班，即使在夏天的阳光下也可以上体育课。我们盖国际部大楼，也是希望社会各界给我们捐赠。谁都知道我们做的是什么文章，但是我们也只能这样，现在在中国，没有人会给你钱而不把孩子送过来。这样的情况表明，我们国家关于民办学校的法律不健全。在欧美国家，没有人会限制你给民办学校捐钱，你这边捐钱然后把孩子送过去，也是可以的。在我们这里，你的孩子没有达到民办学校的入学要求就不被录取，但是你愿意为学校做贡献，作为特别的情况，校长签署，可以把这个孩子收下来，这都是很正常的，这是市场行为。公办学校不可以收赞助费，大家还可以理解，前提是财政要给公办学校足够的支持，不然也是不行的。所以，谈到办学和管理，这些环节是绕不过去的，如果没有钱，学校是没法办的。

三、内部忧虑：如何破解改革难题

上面讲的是宏观背景，下面全是我们自己的问题了。我觉得我们学校有下面几个问题。

（一）课程制度建设不够完善

课程制度还不够科学。因为我们现在做的很多探讨和改革，往往是比较分散的。我们需要有一个比较科学的、严密的、完整的课程制度，这个课程制度应该涉及课程设置、课程内容、课程标准、课程实施、课程评价、课程管理等。由于课程制度不够科学、严密，我们的很多改革显得比较分散，而且我很担心，我们这些人退休后会出现"人去政亡"的情况。所以，我们把课程制度建设作为头等大事。下一个十年，特别是下一个十年的前三年，无论如何也要把课程制度建立起来，之后可能还要三年时间去巩固。如果说南外仙林分校还有什么问题的话，课程制度建设就是一个首要问题。如果建立了比较科学的、严密的、完整的课程制度，这个学校在相当长的时间内就会有章可循，它会在一个相对理性的轨道上运行，否则人治的痕迹就会很严重，也不排除倒退。课程制度对于我们来说是极其重要的。

（二）依法办学有待加强

改革就是在与传统作战，这是一场战斗。校长就是指挥作战的将军。我对"一个好校长就是一所好学校"这句话，一直是赞同一半。在现在的教育体制下，校长确实非常重要，因为校长的权力太大，尽管我认为校长的很多权力被教育主管部门拿走了。说是校长负责制，其实校长没有多少责任可负。但在一所学校内部，校长权力还是非常大的。如果校长不明智，比较糊涂，甚至很昏庸，这所学校是办不好的。但是一所学校如果维系在一两个人身上，这是很危险的。所以我一直在寻求依法办学，采取了这样的一些举措。

一是行使民主权利。比如说我前面讲过的教代会、少代会、学代会，其代表由选举产生，然后竞聘，无记名投票，这样一些程序让教师和学生能够习惯民主这种方式。我们让学生从小学、中学开始就要知道怎么去行使民主权利，每个人都有这样的权利，大家都是平等的，都是可以竞争的。

二是权力要制衡。我认为权力要制衡，必须是这样的，行政权力不能太大。现在这个学校，是特定的历史条件造成我的权力比较大，但是从长远的角度看，这不是一个好的方式。其实，如果我还有精力在这个岗位上工作，我愿意一步一步地削弱自己的权力。但是另外一方面，我希望相关的机构能够强有力。比如说教代会，我们以后要规定哪些事情必须是教代会全体通过，哪些是简单多数通过，哪些是绝对多数，就是三分之二以上人数通过。《中华人民共和国民办教育促进法》规定得非常清楚，董事会有什么职责。但是我可能不会把很多事情交给董事会，因为董事会一些成员不是教育专家，他们主要是投资方。比如预算、决算、招生计划、工资水平等，这些必须经过董事会，要报批的。但是很多内部专业方面的决策，要尽可能交给教代会。董事会领导下的校长负责制，大家都清楚，董事会说话是算数的。但是我希望今后把教代会也要建设好，按现在的话说，就是要将其打造成在学校发展上有相当发言权的组织机构。很多的内部发展制度必须经过教代会，教代会如果通不过，就不能执行。比如我们在教代会上通过了《办学法典》，反对票、弃权票很少，肯定是三分之二以上人数通过了。以后新的校长过来，不能说就只能刻板地执行这样一部《办学法典》，可以与时俱进。

但是如果你对学校一些大的制度进行修改，必须经过教代会三分之二以上的人员同意，因为这是重大问题。如果三分之二以上的人员觉得需要修改，甚至推翻，那就修改、推翻。我是想建立这样一种制度。

三是设立督导室。其他学校没有，这是南外仙林分校特有的。这是我们依法治校理念的产物，是我们的特色，因为只有政府才有督导室，学校是没有的。像杨昭主任等专家，可以请他们过来作为督导室的专家。我的想法就是，学校行政人员不能既当运动员又当裁判员，我们小学、中学的行政干部，不能自己立法制定政策，然后自己去执行，自己去评价。这很荒谬，我需要的是督导室的结论。在我看来，督导室就是学校的"第三只眼"，它来看你是不是坚持了正确的办学方向，是不是贯彻了学校的整个改革举措，是不是按规律办事。

要赋予督导室一定的权力，他们有权随时去听任何老师的课，有权去查中层干部的备课笔记、听课笔记。现在我们就是这样做的，所以督导室实际上是比较超脱的。督导室目前有三个专家，一个是杨主任，一个是彭校长（原来是学校的副校长兼中学部校长），还有一个是龚主任（外语专家）。小学、中学还有一批兼职督导员，都是年资比较高的老师。有了教代会、董事会，再加上督导室，我觉得对行政权力进行这样一种约束是好事情，能够使得它不会乱来，或者说要与时俱进。大家对它不满意，它就要寻求改变。

还有，我们学校的规章制度是健全的，但是偏繁，执行力不够。那些规章制度有相当一部分是抄来的，我们想，以后能不能有所简化，有些可要可不要的条例就不要放进去了。我到国外去看学校的学生手册，讲得很具体，但是也不是很长。你不能面面俱到，什么都要。我们的规章要删繁就简，提高执行力。当然还要执"法"必严了。教育部表扬了我们的《办学法典》，教育部法制办主任、法规处处长到我们学校来调研，看到了我们的《办学法典》，说这是他们看到的国内最好的中小学办学法典，然后让我们学校给他们提供一些《办学法典》的操作实例。尽管如此，我觉得我们的《办学法典》还是偏繁，虽然很全，涵盖了学校的全部领域，但是从现在执行的情况来看，还有很多地方执行不够，这也是我们很大的问题。

（三）管理队伍与教师队伍要加快建设

我们所有的改革都很费劲，像现在的班级管理体制改革、课堂教学改革、理想教育，虽然有相当一批人在做，但是还有相当一批人比较消极、被动。我想，也许很多单位也是这样，但不能因为这样我们就不去做。有时候我就想，等我们这批人退下去之后，会不会又还原？我就担心这个问题，这就是我前面讲过的"人去政亡"。我们南外仙林分校的特点是高层管理是老年人，中层、基层是中青年。我们岁数都很大了，目前这所学校的决策权还是在我们这一批人手上，这一批人一旦离开，下面年轻的干部（小学的干部平均三十多岁，中学的干部平均四十多岁），能不能接下担子，还是很让人担心的。虽然从进化论的角度说，生命个体和组织应该是越来越进化的，越来越强的，但是有时候具体到学校，我还是非常担心这个事情。那些相对年轻的校长，他们也是很优秀的，但是其教育观念还要加强，将来我们不在，他们就是原动力。现在，我们有一个个想法形成决策，他们去执行。等我们退下去之后是他们当家，所有的东西是他们拍板。

1. 教师队伍仍待提升

从我们的队伍来看，我们的教师队伍就是一个常态的队伍，谈不上是优秀的教师队伍。我们不是几十年的、上百年的公办名校，而是刚刚建立不久的民办学校。两三年之后，学校会出现一些优秀的教师，可能还不是最优秀的，但是最近几年没有出现优秀的教师。因为实施绩效工资以后，各地教师的待遇大大提高，他们在公办学校就不往外跳了。所以，我们的教师队伍提升首先是靠招聘，就是在那些应聘教师里面选一些好点的，主要是靠我们自己去培养。我想讲的就是，我们的教师大部分来自经济落后地区。小学教师还有一半是南京籍的，主要是一些大学毕业生；中学教师大部分是一些在职教师，因为中学的任职要求是五年教龄以上，这就排除了大学应届毕业生。当然，对于外语教师，还是可以招大学毕业生的。其他学科的教师往往有十几年、二十几年的教龄。所以，从他们的教育观念到教育行为，基本上已经固化了，要改变他们比较难。十年来我们有那么多的报告、研讨会，毕竟会起一定的作用，但是他们依然较难领悟，所以现在师资队伍还达不到我们的期待。再往前走，如果没有大的提升，也将达不到家长和学生的期望值。

这个事情非常考验我们，如果在一定程度上得不到扭转，南外仙林分校就会很难发展到一个更高的层次。第一，因为办学是要依靠教师的，但是目前学校的教师就是这样一个现状和水平。比如在教育观念方面，我们的一些改革措施出来，有时候遇到的阻力较大。有些人觉得，"好好的要改什么？老师不讲课，学生就懂了吗？"我们现在要求学生自主学习，合作探究，而教师习惯了"满堂灌"，要转变教师的教育观念就很难。年轻教师还容易一点，对于四十多岁的中年教师，你要他们改变是很难的，何况他们原来在家乡就是搞"应试"的，他们多少年就是那样做的。但是我们学校改革比较多，他们就觉得不适应，但是他们知道反对也没用，因为学校总要往前走的，于是他们就不是很积极，而是很被动地应付。当然他们中也有不少人能与时俱进，但也确实有一些人跟不上学校的步伐。从观念到文化，再到方法，跟学生相处，要有教师的尊严，也要平等相待，不能居高临下。在农村可能会呵斥学生，但是在这里是不可以的。教师的品位一看就能看出来，如果品位差，教书就会出现问题。对于我们的改革，层次比较高的老师可以很快领悟，然后去执行；而有的老师就要转半天，而且他们的传统观念很强，总是排斥改革观点。第二，就是在具体操作方面，他们也是跟不上的。他们觉得这个学校的学生已经够开放了，不能再放了，再放就管不住了，但我觉得还不够。

在我看来，南外仙林分校的学生仍然比较老实，这样的学生将来是难堪大用的。当年我在南外的时候，一下课就会有很多学生围着我问问题，我根本是走不掉的，我在办公室的时候，也经常有学生来找我讨论，而在这里很少有这样的学生。他们觉得自己一个学生怎么能和校长讨论，但是南外的学生没有这个概念，他们会很自然地跟你讨论，这就是文化。参与也是，就像国外的孩子，特别是美国的孩子，有些事情你问谁行，他们都说自己行，其实有的根本不行。而我们这边的孩子，其实行还要说不行，往后退。坐座位，美国孩子都是坐第一、第二排，中国的孩子总是坐边上、坐后面，这和儒家思想有很大关系。我们努力了这么多年，逐渐扭转过来，有些已经不错了，但还是不够。你不能只看个别的，每个学校都能弄三五个好学生出来，我们要大批的。这种情况的改变有赖于教师的指导，教师的层次不上去，学生怎么上去？所以这是我们一个很大的瓶颈，我们的教师水平还需要有很大幅度的提高。

总体来说，教师还是比较优秀的，而且跟他们原来比有了很大的进步。因为我是从南外出来的，所以我经常拿南外教师的标准来要求他们，可能我的要求高了一点，但是真的还不够。一个学校要培养出优秀的学生，就必须有相匹配的教师队伍，没有这样的教师队伍，学校教育是搞不上去的。在仙林地区的班主任会上我就讲，学校的重大决策在班级是通过班主任贯彻下去的，很多教学决策都是通过教师贯彻下去的。虽然有一部分优秀的教师，但是大部分教师还达不到要求，像参加"随园夜话"班主任沙龙的那批教师，他们都是常态里面涌现出来的较为优秀的教师。相对来讲，我们小学的师资比较好，因为我们的小学教师年轻，很多人是大学毕业不久的，可塑性很强。在学校待了十年，也马上要进入中年了，这些教师都不错。从小学过来的在职教师，优秀的也很多。从中学过来的在职教师，优秀的就要少一些，因为民办中学很多，这样就分流了，分到各个学校去了。南京市的民办学校基本上都是初中，民办小学没几个，所以求职的、跳槽出来的小学教师相对优秀，中学教师稍差。而学校师资水平会制约学校的发展。

2.合理的、积极的干部制度尚未建立

行政干部就是管理干部。这十年，和教学人员相比，他们的实践和提升机会是更多的，因为他们知道的情况更多，获得的机会更多，但是我们整个的干部队伍还是不够理想。干部队伍中有不少优秀的，也有不少平庸的。应该承认我们的干部制度还不完善。按理说民办学校自己有决定权，在这个问题上，我们没有把工作做好。虽然我们还没有建立起一个能上能下、充满活力的干部制度，但也搞了一些竞聘。前段时间我看到南师附中江宁分校发了一个公告，所有中层副职干部一律就地免职，重新洗牌，然后大家报名竞聘。这当然也是一种方式，有人戏称为"全部卧倒"。"全部卧倒"有它的优势，也有它的缺点。但是，这毕竟也是一种方式，这表明学校起码在干部任用上敢于用民主机制让大家来竞聘。我觉得这其实也是不错的，但我们学校还没做到。

我们有干部述职制度，中层干部在教代会上述职，学部干部在学部里述职，行政干部在全校教代会上述职，就是谈这一年来工作如何，自我评价如何，最后大家来打分并统计。现在我不知道南外仙林分校出了什么问题，无论是教师给行政干部打分，还是学生给教师打分，分都很高。我觉得这个很奇怪，我觉得总会有区别的，分数怎么会这么高呢？教师给行政干部打分，有些不那么让人满意的行政干部也能得到比较高的分数，有的时候我也被搞得很迷惑。如果真的像南师附中江宁分校这样"全部卧倒"，你能把教师中优秀的、比较擅长也愿意做行政工作的人推选出来吗？未必，你不满意的那些人可能照样会高票当选。所以，这个事情是蛮难的。

我们考察干部，一是要观念一致，教育观念不一致的干部我们不能用；二是有比较强的执行力，不管是学校的决策还是学部的决策，只要是制定了，就要坚决执行；三是要有创新能力，你不能只是执行，干事情要有自己的创新，要有自己的个性。当然，还有文化层次。这样衡量的话，我们有一些干部是不行的。这样的结果就是，教师管理、学校的改革效率就会降低，这也是我们现在存在的问题。具有活力的干部制度还没有形成，我们也在抓紧把这个事情做起来。改革与发展应该是顶层设计和基层创新相结合，在南外仙林分校，顶层设计可能会多一些，基层创新相对少一点。这令人相当遗憾。

对于中层干部，我们打算是四年一任，可能会四分之一、四分之一地换，这样有继承性。如果"全部卧倒"，然后重新来，大家都不知道怎么工作了。有人干得不错，大家信任他，他就可以连选连任。学校不能搞那种"只能任两届必须下来"的用人方式，这里不是官场，学校就这么多人，谁干得好就可以继续干。但是我们还没有形成积极的干部制度，任命制、选举制都有它的优点，当然也有它的毛病。很多学校选举，选上来的基本都是"老好人"，人不错，但不一定是优秀的、称职的干部。

我们有这样几种决策方式。校长办公会是在每个星期四的上午，大约有两个半小时。校长办公会就是决策的会，一件一件事情讲出来，大家发表意见，最后形成结论。然后是两个星期一次的行政会（全体中层以上干部参加），在隔周的星期四下午举行，一百分钟，是贯彻决策的会。我们的行政会一次是务实，一次是务虚。所谓务实，就是一个学部给二十分钟，汇报一个月来你们学部干了什么事情，哪些是比较成功的，哪些是不太成功的，哪些是失败的。我发现，在交流的时候大家基本都是讲好的，有的时候也有讲差的，但是讲差的往往是给我们学校出难题的，讲自己差的当然也有，但是很少，这可能是中国人的习惯吧。另外我们还有一次务虚会，务虚会就是学习，包括请专家来讲，这个也是一百分钟。你从我们的年鉴上面就可以看出来，一次也没有落过，一月一次，一年也要有八九次吧。所以，校长会是决策的，行政会是执行的。行政会一般是在他们交流完之后，我有一个点评，指出哪些是值得我们关注的，是非常好的、值得大家借鉴的，哪些地方是做得不够好的，也是值得大家关注的、不能再发生的，完了我就布置工作，也就是校长会上的决策。各个学部都有自己的行政会，在每个星期五的上午，一般从九点或者九点半开始，两个小时，就是各个学部的校长把学校决策拿到行政会上去布置，然后由教导主任落实。

学部务虚比较少，我一直建议他们务虚。我是比较重视务虚的，我觉得务实的事情只要讲一下、提出时间，可能的话提供一下路线图，大部分情况下是他们自己考虑如何去执行。我非常强调务虚，因为不关注教育的发展，对很多理论不了解，就很难站在高位来指导整个学部的工作。但很多情况下，大家觉得都太累、太忙，又管条又管块，没有时间再去务虚。我不能讲这是借口，只能说他们还没有掌握做行政干部的方式。我经常讲到工作方法、思想方法的问题，还专门写过一篇《谈教育的策略》，就是讲到底应该怎么工作，你要把事情的轻重缓急列出来，有时很多事情是要授权的，不必什么事情都自己去做。

现在发现，我们不少行政干部不太会做工作，很多事情都要自己去做。你要相信别人，你要明确授权，做什么事情，这个事情应该做到什么程度，应该什么时间完成，应该怎么做……但是我建议，布置完工作以后，你的任务就是"弹钢琴"，去了解一下、督促一下，你就是干这个事情的。你再忙也要抽出时间去看书、看报纸、去思考问题。如果你一天到晚就是干，不太动脑筋，我觉得这不是"巧"干。用那些笨办法我觉得是很累的，什么都要自己去做，这实际上是不明智的。在这方面确实是有"灵气"的问题，有的干部你跟他讲是可以的，最多三次就好了，而有的干部你跟他讲是没有用的。所以有的人适合做行政干部，有的人不适合。我们的干部制度也有问题，有的人业务很好，你叫他去做管理往往不合适。做管理的叫"软"专家，做业务的叫"硬"专家。我们现在的情况是，有的"硬"专家要求做"软"专家，就是他本来是做业务的，却要去做管理，最终又不能胜任。这就反映了我们的干部制度存在问题。

四、改革就是跟传统作战

要办一所一般的学校，已经不成问题了。当然，应试成绩不错，这所学校肯定在相当长的时间内会受到大家追捧的。但是要办一所高水平的学校，就要与时俱进，至少是不能让我们现在搞的这一套倒退。有的时候难呀，现在很多情况下是我们在这儿"顶住"，否则改革就推进不下去。比如现在我们搞课堂教学改革，有的老师认为，除了教案还要设计学案，学案要发下去，很费事的。但是我一直跟大家讲，一个新的操作方式出来，一开始肯定是很难的，因为你没搞过。但当你上路之后，会逐渐地由不流畅到流畅，都是这样的。有的人一搞课堂教学改革，就会觉得，"我完不成教学计划，还要小组讨论，大组讨论？过去都是我讲，讲过就过去了"。我说"你讲"是要赶进度完成任务，但是现在的情况是学生要自主学习，合作探究，你当然是完不成。任何新的改革，任何操作方式都是先慢后快，一上来总是慢的，之后就会越来越快，到后面教学内容就要有所取舍。我们现在的教学就是习惯于"满堂灌"，都要讲到位，一点都不能漏。经常都是考试下来，"那题我都讲过，你怎么还不会呀？"教育要这么简单就好了，只要你讲过的学生就会，学生全是神童，不可能的。所以人的惰性是很大的，对于比较熟悉的领域是不大愿意改变的，只要一改变，就觉得很费事，因为他要重新开始，他要再去学习、去探讨，然后再去实践，搞出来的东西跟他以前的又不同，一般人是不大愿意这样做的。但是不这样做，就改变不了中国的教育，就永远培养不出有创新精神的人。我到欧美国家一看，人家教得也很轻松呀，他们已经习惯了，已经形成了那样的教育方式。我们是在一个转型的"阵痛"当中，当然就难。

所以，我们做了很多很难的事情，因为大家不做我们在做，我们刚开头，开头就难。如果全国很多人做了，那我们学习学习，拿过来就比较好办。但是你要相信越往后做你会越轻松的，很多事情往往就是这样。我们搞理想教育，有的老师在课堂上，加进去一些理想教育元素是比较生硬的，我听了也觉得比较生硬。这样一个新生事物是一种新的尝试，谁做过呀？没有人做过，一上来就要求无痕、流畅，哪个人有这么大本事？一上来肯定是不流畅的、痕迹比较重的，老师自己也知道要逐渐去改进，我们给他机会。我的意思就是，很多事情是难，但是我们敢于尝试别人没做过的，我们坚持去做，逐渐就会变得流畅起来。怕的就是在这个过程中很多人跟不上来，最后又退下去。退下去以后才更难，你要想再启动，就比原来要难得多。所以一定要顶住，必须顶住，起码到我这儿，我是必须要顶住的，不能后退，我们没有退路，只能是这样。

班级管理体制改革，一上来也是有很多不同的意见。减轻学生负担，规范办学行为，取消假期补课……一上来遭到很多人的反对，很多家长反对，行政干部反对，老师也反对，"我们的课上得已经够少的了，还要再取消？"。再比如像划分实验班、重点班，绝大部分学校都在搞，我们没搞，有优生流失吗？有的。我说这是教育原则问题，绝对不能后退。搞了一两个这样的班级就能带动全年级的教学质量？我没看到过。这一两个班级的学生可能比原来分散在各个班级要好，也不尽然。所以，很多事情干起来是很难，但是你没有退路。在这个过程中，有的时候必须坚持。很多改革，很多决策，你不坚持，基本上一事无成。所以改革就是跟传统作战，传统的力量是非常强大的，如果你不能顶住，十个改革九个都要失败，必须要顶住。

我们有些老师，执行学校改革的决策遇到很大困难，很委屈，我只能是鼓励他们，"坚持下去，会有结果的"。很多事情就是要坚持，不坚持你真的什么事情都干不成。不光是教育，各行各业其实都是这样的，做生意也是这样的，那么多的商业精英，哪个不是坚持下来的？新的东西一上来，往往遭到大部分人的反对。有一次我在大会上讲，大多数人的意见不一定是正确的，大多数人一般是接受现成的、被实践证明过的、已经看到是对的事物。但是很多新生事物一上来不是主流，往往不被人认同，但世界就是这么发展的，如果没有这些新生事物，世界怎么发展呀？尽管新生事物一上来是不被大家理解的，但没有关系，因为它符合事物发展的方向、规律，终归是会被大家接受的，这一点还是要有信心的。

我想班级管理体制改革，很多人也知道有这样一种改革，可能由于种种原因现在做不起来，但是我对班级管理体制改革的前景是非常乐观的。因为它符合管理的规律，符合班级工作的规律，能够比较合理地配置资源，所以班级教育小组制度一定会是我们国家中小学主流的一种管理方式，但是这个过程可能会比较漫长。我们也看到在欧美国家学校没有班主任。欧美国家的学校已经到了不需要组织，由几个老师实行导师制分包就能做到的地步。我们现在呢，班级没有组织领导，在我们国家是做不到的，我们必须搞这样一个组织，然后逐渐地去做，这点我还是非常有信心的。我们讲"顺其自然"，是指凡是符合规律的东西，将来一定会被大家所接受，但是不要把这个过程想得那么简单，因为过程会反复的。就像这样一个改革，实际上侵犯了很多人的利益，很多人可以不做班主任，教完课就可以走人的，而现在他们要去参与班级管理，这不是侵犯了他们的利益吗？其实改革就是利益的再调整。

第十二章　改革启示录：南外仙林分校的代表性

关于南外仙林分校办学经验的代表性问题，就目前基础教育的现状看，可能相当多的人会把南外仙林分校看作是比较另类的学校。有些领导直接就讲，"那是个另类的学校，你们不要跟他学"。大家在加课，我们在减课，学生一天到晚蹦蹦跳跳，我们是跟很多学校不同的学校。

一、教育目标：不只是把学生送进大学

我一直认为，现在欧美国家的基础教育基本能体现和吻合市场经济的发展需要，所以他们的教育确实培养了非常多的人才。比如美国杜威的教育思想，即实用主义的教育思想，主张培养学生，不只是把他送进大学校门，而是要让他适应生活、适应社会。教育难道只是提高升学率吗？我发现上海已经有很多校长不持这种思维了，他们考虑的是浦东的发展。有一次，南京与上海浦东两地各十位校长举行对话会，我发现，他们基本上开口都会讲到浦东的发展问题，但南京的校长还没有这个概念。我跟美国的一些校长接触，他们谈到的都是我培养的学生将来怎么更好地适应社会。教会学生进入社会以后，怎么能够很好地生存下来，更好地发展起来……这是非常适用的。对于美国教育，虽然他们自己也不满意，觉得他们有很多的问题，但是它为什么能够培养那么多的优秀人才？美国的科学家、诺贝尔奖获得者，差不多占全球一半，像那些核心技术，为什么很多都是从美国出来的？为什么那些强大的文化影响都是从美国出来的？麦当劳、可口可乐、杰克逊、乔丹，很多大片、很多音乐、很多节目，大部分来自美国。那个嘉德圣玛丽学校，我看到后很震惊，他们能为一个学生设计课程，当然他们学生也少，一共就几百

个学生。他们已经形成了这样一种教育制度，就是学生到了学校以后，你有什么要求，你有什么想法，学校会为你设计课程，办学能到这样的程度真的是以人为本。他们讲学生怎么去写报告，怎么去做市场调研，怎么去查找资料，很让我震惊。而我们的学生大都不会这些，我们就是老师讲，学生听，学生不接触社会，不接触大自然，一提到活动学校就把它取消掉。我们培养的学生不了解社会，就知道读书、考试，不知道怎么跟人打交道，连社会分成哪些行当，那些行当具体什么情况都搞不清楚，像这样的学生以后很难适应社会。

二、 实践智慧：办学思想的由来

我之所以会形成现在这种教育观念，首先缘于我自己受的教育。中学我读的是金陵中学。那个时候学校就有很多不同的特点，也有一批优秀教师，我们在中学时代就会受很多那些教育元素的影响。其次也是受那个时代的影响。因为我到过农村，到过工厂，有很多社会实践经验。我曾在南外工作，南外是一个开放很早的学校，因此我接触了很多外教，后来出国也比较早、比较多，看得也多，知道人家是怎么办教育的。因此感到我们的教育太不自然了。教育要顺其自然。儿童有他的天性，儿童发展有它的规律，儿童要游戏，要睡眠，要运动。你非要把他按在那儿整天看书、做作业、考试，那有效果吗？有效果绝对也是很有限的。反过来看，本来有很多应该接触的，应该尝试的，他没有接触，没有尝试，他就不会。

所以，我在这样的环境形成这样一些办学理念，是因为接触了先进经验。正因为有这样的经历，所以我是比较欣赏欧美教育的。我想，实践是检验真理的唯一标准，通过几十年、上百年的检验，人家人才辈出。欧美教育培养出来的人好像掌握的知识点不多，但是他们知道一点就是一片，可以举一反三，可以迁移。我们的学生掌握的知识点特多，但比较难迁移。他们的教育是根据儿童的特点，给儿童很多自由支配的时间，给儿童很多自己的空间，要求儿童起码要热爱生活，要一直保持这种好奇心。

三、意义追寻：寻求教育"回家"的路

"二元论"者经常这样说，"他们有他们的优势，我们有我们的优势，我们不要妄自菲薄，要把两者很好地结合起来……"，这种讲话似乎永远立于不败之地，但什么用都没有，基础教育现状永远也改变不了。

我想，如果我们看不到就算了，既然看到了这种教育有很多不合理之处，是不是要做一种我们所理解的、所追求的教育？这就有了南外仙林分校的全面改革。因此你要说我们另类也可以，我们跟人家确实有很多的不同。但是，我们是在寻求教育"回家"的路。教育本来就应该这样办，现在我们国家的不少学校已经办得走形了。你需要追求自己的发展，不要在乎人家的评论。你若在乎人家的评论，你就没办法做事情。只要我们认为这么做符合事物发展规律，符合教育规律，符合学生的身心发展规律，符合市场规律，就要坚定地去做。虽然这样做很困难，但是我们没有退路，必须要这样做下去。世界总是要进步的，中国也要进步。所以只要坚持做下去，教育现状一定会改变，即便我看不到那样的好的结果，但是我们会为那样的改变打下基础，这个我是非常相信的。

让我欣慰的是，最近几年看到越来越多的学生和家长开始认同我们的办学理念，那么多的家长愿意把孩子送到我们学校来，这是对我们的肯定。大家能感受到，现在学生已经对我们的"校训石"印象非常深刻。我觉得很少能看到学生对自己学校的校训如此认同，在他们的发言和文章里都会提到校训。我们有一个孩子来报名，四年级的，才十岁，一进大门看到那个"顺其自然"，她就跳起来说："太好了！"这是一个很小的孩子，她不知道那么多道理，但是她会觉得自己太受压抑了，这么多年的应试教育压得她太难受，这是大家都能感受到的。像这样的教育，我觉得实在是积重难返，不管学生健康，一天到晚做题，比升学率，比清华、北大录取人数，有什么意思呢？一桶水倒来倒去，还是一桶水；蛋糕你这样切那样切，还是那么大。我们做教育的就要把蛋糕做大，把水增多，而只有搞素质教育，你才能把蛋糕做大，把水增多。

四、由外而内：教育改革的第三条路径

我们通常所讲的改革有两种路径，一种是自上而下的，特别强调顶层设计；还有一种是自下而上的，强调基层创新。就全国而言，当然是自上而下的，各个单位自发的改革叫自下而上。但是就学校而言，从管理层开始的改革叫自上而下，从教师开始的改革叫自下而上。如果没有这样的自上而下，只有教师的自下而上，那较少，也很难。像我们学校，基本上是顶层设计，基层创新也有，但是不多。比如像理想教育八条途径、多元化评价，也是基层创新。但是确实主要是自上而下的改革，再往下走的时候，这个路径还是比较艰难的。所以我们才有很多的学习、报告，对教师在观念上进行"轰炸"，使他们的旧有观念遭受冲击。这十年来，除了将近两百场学术报告之外，还有很多的电影、录像，以及教师外出培训、参观、访问等，都是为了改变教师的传统观念。我一直觉得决定性的因素是教育观念，如果教育观念还是旧的，改革起来就会很费劲。现在我找不到更佳的路径，只能自上而下地利用民办学校的办学自主权，强力推进全面改革。不管怎么说，我们也搞了十年，在教师的观念更新方面也花了很大的力气和精力，尽管各项工作开展得不是非常顺利，但毕竟还是在往前走。

另外，我觉得改革还有第三条路径，就是引进国外的经验，由外而内，学习和借鉴国外那些很好的教育理念和相应的实际操作方法。有时候我们没有必要一定要自己创造，把人家的拿来，经过改造，可以的。其实南外仙林分校的很多做法，就是借鉴了国外的一些做法，然后加上我们自己的一些改进，形成自己的路径和特色。自上而下、自下而上，都是改革的路径，还有由外而内的路径，就是开放，就是向国外学习借鉴。我们学校非常注重教育国际化的问题。

有些公办学校把国际班当成是一个挣钱的项目。我觉得我们在做评价的时候，需要有一定的容忍度，不要把这样的做法全部看成是挣钱的。有的时候你要允许他挣些钱，如果这样的挣钱能对整个学校教育产生很好的正面效益，有什么不可以呢？因为很多措施都不是非利即弊、非弊即利的，大部

分是有利有弊的。这时，你就要去权衡，如果这种事情是利大于弊，我们就可以办。如果完全从道义的角度去看，你可以批评很多学校是功利的。我们也有功利的一面，但在最主要的方面不是功利的。国际高中发展规模做大以后，肯定比普通高中的经济效益要好。因为我们的普通高中是在与办学多年的公办学校竞争，如果我们一开始就收那么多钱，我们的生源肯定会受到制约。因此，我们普通高中不收钱或少收钱，这样普通高中的办学经济效益就不是很高。而国际高中，我们完全可以同公办高中的国际高中一样收费，经济效益就比较好，可以补偿普通高中，这是我们功利的一面。但是主要的方面还是为中国学生提供到海外留学的机会，为那些有愿望、有能力接受更好教育的家庭提供机会和平台。他们有这个能力，包括经济能力，他们愿意把孩子送出去，我们就提供平台，这是我们决定性的改革。国际化教育使我们自己的教育少走弯路，能够更合理地走下去，这也是我们的意图。各个学校办国际高中，有功利的一面，但也不可否认他们有加快国际化办学步伐的思考，有培养人才的想法。有时候我们不要仅是去判断他们的动机，而是主要从效果上来看。因为据我观察，能够这样做的学校基本上是一流的学校，二流的学校很难做成国际化教育。这样做下来以后，能够培养很多人到国外去留学，我觉得这也是一件好事情。所以总的来看，我觉得要全面地去看待这种现象，如果把国际化教育从公办高中收回来，肯定是非常大的倒退。

五、外部动力：国际化对基础教育的冲击

现在南京市有十所左右的学校在办国际高中。全国中西部地区很少，主要在沿海地区，从北京到广东。实际上，中国这么庞大的基础教育体系，有国际化办学的并不多。他们怕主权问题，担心这些学生出去了，到时候不回来了。不管他回不回来，即使不回来他也有一颗中国心，毕竟是喝这边的水长大的，血管里流动的是中华民族的血液，他肯定有中国情结。何况现在的学生绝大部分是回来的，这十年出去的学生大约70%以上都回来了。

这样庞大的基础教育体系，就这么一些国际高中，据我所知，全国加

起来也就几百所国际学校，根本微不足道。中西部地区基本不具备这样的条件，只有东部相对比较具备。第一，毕竟出国留学要有相对比较强的经济基础，一个家庭起码要支出几十万、上百万。因为在本科阶段，国外大学基本不提供奖学金。第二，外语水平要很高。第三，要有这样的平台。我们学校之所以走这样的路，基本上是根据我们学校的情况而定的，这三个条件在我们这里确实是具备的，所以我们是适合办这样的学校的。但像这样的学校现在东部也不多。

这是一个过程。在这个过程中，刚开始肯定也是有摇摆的，有不完美的，但这是个方向。主要是教育国际化对我们国家基础教育改革会起到很强的冲击作用。为什么我们培养不出杰出人才？这个问题要反思。输送一大批学生到国外去，接受更好的教育，我相信这样的人回来以后会对中国的发展起到非常大的作用。

虽然我一直在基础教育领域工作，但是我对高校很多事情看着也急。我们的高校实行的是"宽进宽出"政策，但是世界上的大学都是"宽进严出"，我们为什么做不到？很多学生到了大学，就很放松、很散漫了，干什么的都有了。到国外上大学，非常辛苦，没有人逼你，但是每天晚上搞到十一二点都是正常的。南外仙林分校的学生有的上德国高中，从高二开始，作业、实习、活动、专题研究，都是算成绩的，不是像我们这样全部用考试来算的。

六、思想先行：智库的重要性

我觉得管理一所学校与管理一个政府一样，不管是省级政府还是市级政府、县级政府，都需要有智库。我觉得要把一所学校办得比较好，特别是像我们这样的比较大型的学校，如果没有智库，没有有经验的人出谋划策，提供智力支持，那就叫自娱自乐，就是你自己想把它搞成什么样就是什么样。没有智库，学校办学质量是上不去的。智库专家的作用不是带班上课。对学校而言，智库专家可以俯视整个学校教育，所以他们的作用是非常重要的。

他们这些人对学校发展起到的作用，不是一般老师能做到的。他们是老师的老师，他们有几十年经验的积累，有深厚的理论修养，非常勤于学习、思考，对教育的规律比较了解，能从理性的高度去审视。学校需要干活的人，也需要出主意的人，比如梁山好汉有李逵那样的人，也要有吴用那样的人。

七、教育信念：即使头破血流，仍不回头

公办学校比较强调教师的地位，学生对教师比较尊敬。在民办学校，相对于学生来说，教师处于一种比较弱势的地位。师道尊严，可能在相当多的学校是这样的。在层次比较高的学校，比如南师附中、南外，上海的一些中学，师生关系相对比较平等，这是非常重要的。学校文化层次不太高的学校，搞应试的教师往往很强势。相对来说，一般公办学校的教师更有权威。为什么呢？在民办学校，经费全部来自学费，不是国家拨款。对于公办学校来说，学生你爱来不来。而在民办学校，如果说某一个方面教育或服务不到位，家长就不把孩子送到你这个学校来，学校没有生源就没法生存。所以在很多民办学校，特别是生源很缺乏的学校，办学方对家长是很在意的。相对来讲，家长是相对强势的一方，教师是相对弱势的一方。在民办学校，特别是在私立学校，学生告老师的状，校长往往会批评老师的，这种情况在很多私立学校是存在的。但在我们这里，我不能讲完全不存在，但是基本不存在。根据这几年的办学经验发现我们管理得越到位，要求得越严格，教育质量会越高。所以我们不会像一般的私立学校那样对待家长。我们从南外过来，觉得师生之间应该要平等、民主。但是我们确实有少部分干部和教师，对那些是高官和老板的家长另眼相看。这反映了我们教师的文化层次还不够高。都是学生，管他是哪个家庭的呢，穷孩子、富孩子，都是我们的学生。教育平等，就是我们所崇尚的那种自由平等，我们学校把"民主"放在校风的第一位。

我甚至觉得我们的校风还要改，要把"独立"放进来。现在这么多的学生，包括那些出国的学生，都觉得要独立。我跟我那些几十年前就出国的

学生接触，他们认为最重要的品质就是独立。小学、中学、大学的学校教育要培养的品质，一是诚实，二是独立。一定不能依靠别人，不能靠父母，也不要靠老师、靠朋友。尽管客观上有人会帮你，但是不要指望别人帮你。很多情况下，没有人能帮你，也帮不了你。高三学生毕业前，叫我送他们几句话，我就跟他们讲，现在该你们"下地狱"，谁能帮你们去参加高考？帮不了的。往往我送他们的话都不是太好听的话。我再送一句——"在命运的痛击下，头破血流，仍不回头"，意思是在你的一生中，会碰到很多困难，即使跌得头破血流，你也不能回头。毕业的时候，人们都会送锦上添花的话，我不讲这样的话，我就讲一些可能学生现在听不进去，但等他们碰到困难了就会想起的话。这些话对他们还是有用的。

附录一

他者眼中的钱校长

对中国基础教育生态的积极回应
——评南外仙林分校和镇江市润州区的班级管理体制改革①

齐学红

在我心目中，南外仙林分校始终走在中国基础教育改革的前沿，更是引领着南京市基础教育改革的发展方向。我们看到一所学校在整个基础教育偏重学科、偏重知识追求的背景下所经历的七年奋斗历程，这也许是一种孤单之旅。但是，我们欣喜地看到，在南外仙林分校班级管理体制改革的基础上镇江市润州区两年来的积极回应，它不是简单复制南外仙林分校的做法，而是有自己的创新之处，尤其是为我们提供了区域推进班级管理体制改革的地方经验。它告诉我们，班级管理体制改革在公办学校同样具有生命力。虽然这样的声音在整个中国基础教育中还是显得有些微弱，但是它给我们呈现了学校德育工作和班主任工作的广阔发展前景。这两地的改革遥相呼应，虽有时间和空间上的距离，但在很多方面是共同的，那就是来自学校和区域每一个改革者持有的教育情怀，对自己教育理想的追求，以及他们身上表现出的求真务实的态度。

今天的会场不是教育成功经验的介绍，而是他们非常坦诚地把七年的改革之旅和两年改革中的心路历程，他们面对的困惑和问题一一呈现在我们每个人面前。我觉得这份真诚让每个人感动。学校和区域改革永远是一个开放的文本，值得我们从理论的角度、实践的角度不断去对它进行解读、学习。因为内容非常丰富，我在很短的时间里难以完全消化、吸收这两项改革中值得从理论和实践层面深入挖掘的内涵，只是做如下几方面的简单回应。

---

① 文章来自作者于 2015 年 12 月 4 日在"立德树人背景下班级师生共同体的构建"高层论坛暨江苏省教育学会班主任专业委员会第七届年会上所做的点评。

一、对中国基础教育生态的积极回应

班主任制度是教育全球化背景下的中国特色，也是教育改革的中国经验。中国的班主任制度建构了怎样的教师角色和身份？在班主任一人负责制下，建构了两种截然不同的教师身份，一是作为班级主任级教师的班主任身份，另外一个是游离于班级教育之外的学科教师身份。这一制度把教师分为负责学生教育全面工作的班主任教师和单纯从事教学工作的学科教师，因此，这个制度本身是有局限性的。放在这样一个制度背景下，这两项改革，它的意义并不局限于班级管理体制改革本身，而是对整个中国基础教育生态的一种改革。

二、学校管理体制改革的创新

我把这所学校、这个区域班级管理体制改革理解为是整个学校管理体制上的一种创新，创新之处体现在这样几个方面。

1. 学校管理体制的综合改革

班级是学校教育中最小的单位，对班级这个最小的单位进行改革，其实涉及学校教育整个组织文化和组织制度，我认为这项改革是一项综合性的改革，也是一项系统工程。

今天上午的几个发言分别来自学生、家长、班级教育小组组长以及班级教育小组成员，你会发现这样一项改革已经渗透到教师和学生的日常生活中。其实最大的影响是对我们工作方式和生活方式带来的变革，所以，我把这项改革理解为学校管理体制的综合性改革，它的意义要放在中国基础教育改革的背景下来认识。我非常赞同钱校长的一个理论观点，教育当中普遍存在二元论。我们一方面看到学科教学的分化越来越精细，学生考试压力不断加重，生存状态不断恶化，在分科教学这条道路上，我们已经走到了极限。但是，我们教育当中的另外一种生态，学校德育工作、班主任工作方面的改革才刚刚起步。谁来将学校德育工作、班主任工作作为整体来加以思考？我觉得这些改革者是有责任、有担当的一群人，他们思考我们整个基础教育中被人忽视、漠视的教育整体性问题。因为德育工作、班主任工作在思维方式方法上与学科教学是不一样的。从这个意义上，我也理解到这项改革的艰难之处。我们走出应试教育的固有模式，从思维方式到教师行为方式做出相应改变，是对教育大格局的整体改造，所以这项改革显得特别有意义和价值。

2. 良好教育生态的构建

在这些改革当中我们看到了非常希望看到的教育生态，即学校、家庭、社会，包括学生、家长参与到学校教育中来，对此，应该放在教育民主化的进程中来思考。中国教育的民主化进程有一个非常漫长的过程，教育的民主化从哪里起步呢？我觉得班级管理体制改革找到了这样一个突破口。这几个发言当中，我们看到了学生、家长、学科教师，他们都在班级这样一个共同体下发出自己的声音，我想这样一种教育生态放在班主任个人负责制下是很难看到的。我们可以把改革之前和改革之后做一个比较，把班主任个人负责制理解为班主任老师和学生之间是单向度的关系，即一个班主任面对班上的所有学生。一个老师即使用他所有的时间，也无法兼顾到班上那么多学生的发展，所以，单向度的关系是没有办法解决学生发展问题的，很多教育改革的理念无法落到实处。班级教育小组改变了班主任个人负责制下班主任老师和学生的单向度的关系，对应的是一个班级教育者团队。班集体是一个学生的集体，那么我们教育者是不是也应该成为一个集体呢？这里有老师、学生、家长，甚至生活老师也全部参与其中，这样各种力量之间的关系才是平衡的，否则，仅靠班主任一个人如何去面对这么多学生和家长？在这个意义上，班级管理体制改革找到了当下解决教育现实问题的一个非常好的抓手。

3. 行政推动教育改革

从镇江市润州区推进班级管理体制改革的举措中，我们发现，在中国的教育改革中，完全是自下而上的改革是非常难以行得通的，镇江市润州区的改革给我们提供了一个非常好的示范。假如我们教育主管部门的领导像抓教学一样来抓德育，我想学校德育发展的空间同样是非常大的。只要学校德育工作面貌改变了，学校全体师生的精神面貌就一定会有非常大的改观。镇江市润州区在这么短的时间内全面推行班级管理体制改革，不仅没有影响全区的升学成绩，而且升学成绩一路飙升，一直在镇江市名列前茅。我想这也是在座的很多老师关心的，如果改革影响成绩怎么办？镇江市润州区的改革实践告诉我们：

在德育方面的改革不仅不会影响学生的升学成绩，而且还会从学生的内在动力、动机方面促进学生成绩的提高以及学生的全面发展。

三、学校整体水平的提高

通过德育改革推动学校整体水平的提高。通过自上而下的改革，无论是来自区域的，还是学校行政的推动，都释放了一个非常大的改革空间。从前面的几个发言中，可以看出改革中教师心态的变化，从被动的、消极的心态到开始主动去思考班级教育中的很多问题。这样一种生态是我们每个人都非常希望看到的，一个好的制度诞生后可以激发每一个人内在的潜能。当然有一个前提，我们对家长、学生、教师要充分信任。镇江市润州区在推进这项改革的时候，作为教育局的领导在做顶层设计的时候可能没有想到，在实践中会有这样丰富的实践智慧，在牵手的学生当中，在每一项改革当中，整个区域的德育工作、学校的德育工作都盘活起来了。我想这就是我们每个人心目中渴望的改革，它一定能使我们每一个人的潜能得到非常好的发挥。

所以，这次江苏省教育学会班主任专业委员会第七届年会把"立德树人背景下班级师生共同体的构建"这样一个话题研究的现场放在南外仙林分校是有我们的一份思考的。我们应该始终关注基础教育改革、班主任改革、德育改革中的前沿性问题。南外仙林分校和镇江市润州区的改革遥相呼应，从某种意义上也是对我们理论工作者的肯定。我们看到了在做真的教育实践时理论和实践之间有很多共同语言和现实关切。今天在这里我也感到非常幸福，我们南京师范大学班主任研究中心能够见证南外仙林分校的改革，又能看到镇江市润州区的改革，也许在不久的将来，这个"雪球"会越滚越大。我非常看好这项改革，一项改革能走得长远一定是符合教育规律的。我们可以在这里展望十年、二十年以后我们孩子的生存状态有了变化，老师有了自觉的从教书者到育人者角色的转化，我们自己真正做成了一个教育人，更多的老师在履行教师的责任和使命中，在班级管理体制改革实践中体会到了作为教育人的职业幸福。

教科研是第一教育力——钱铁锋教科研思想初探①

黎鹤龄

南外仙林分校建校短短十年就能够跻身省市名校之列，除了有好的政策、广大教职工的艰苦努力，更重要的在于有一个好的领导班子。以钱铁锋校长为首的领导班子，有科学的办学理念，有坚决贯彻这些理念的措施及行动。在科学的办学理念中，钱铁锋教科研思想是重要的组成部分，是学校发展的强大动力。

一、钱铁锋教科研思想面面观

经过长期的教育实践与研究，钱铁锋教科研思想已经形成比较完整的体系，主要包括科研价值观、科研本质观、科研主体观、科研品格观、科研效益观、科研策略观、科研资源观和科研保障观等。

1. 科研价值观——强调教科研是第一教育力

早在建校前，在起草南外仙林分校办学公告中，钱铁锋就明确指出，如同科学技术是发展社会生产力的关键一样，教科研是提高学校办学质量的关键。2008年，他在全国首次提出了"教育力与教育关系"理论，指出教科研是教育力的重要组成部分，教科研对教育工作十分重要，教科研对于教育的作用就像科技对于生产力一样，科技被称为第一生产力，教科研是第一教育力。之所以这样说，其理由是：

（1）教科研在教育力结构中最活跃，最具影响力。根据钱铁锋的研究，教育力结构包括：①教育思想和学校文化；②教师素质与学生素质；③资金与设施；④课程计划与课程标准；⑤教育方式与教育科研。这其中，教科研的科学推进与深入，可以形成并发展科学的教育思想及学校文化，可以提升

---

① 本文发表在《华夏教师》2013 年第 10 期，收入本书时略有改动。"科研""教科研"在文中所指内涵一致，根据表述需要灵活使用。

教师与学生的素养，可以优化课程计划与课程标准。

（2）教科研是教育力新的增长点。教科研对教育力结构中的其他要素都可以起到优化与提升的作用，促进教育力新的增长。比如教科研作用于教师，教师就可以更好地认识与遵循教育规律，从而提高工作质量，教育力就有了新的发展。

（3）教科研越来越成为教师的主要工作方式。长期以来，教科研被很多人看作是教学之外的事，被认为只是有利于获奖、晋级。其实，从以讲授为主的教学到以探究为主的学习，一场教育革命已经悄然到来，教育的核心问题已从教师如何讲授转变为学生如何探究。教育生态已经开始发生革命性的变化。试想，学生已经将研究性学习作为越来越重要的学习方式，教师不善于做教科研，如何指导学生去探究？因此，教科研必将成为对合格教师的基本功要求，成为现实的第一教育力。

2. 科研本质观——强调教科研是研究问题、探寻规律

钱铁锋对教科研的本质做了明确的阐述，指出教科研是研究教育规律的，研究教育内在规律、儿童身心发展规律、教育行为运作规律，研究教育与经济、社会、政治发展关系的规律，指出我们（特别是知识分子）做任何事情都要探究事物内在的发展规律，使我们的行为更理性、合理、科学、有效。弄清楚教科研的本质——探寻规律，就不会有"做教科研是否会耽误教学"这样的糊涂认识，就会自觉去做、愉快去做。

从哪里去探寻规律呢？钱铁锋说："你在我校的办学实践中去思考，很多东西是别人没想到的，中国现在的基础教育存在很多问题，这是一个大有可为的时期。在实践中去动脑筋学习，然后进行研究，得出结论，这是最有价值的。"

从钱铁锋历次的报告中，我们能强烈地感受到他的问题意识：中国基础教育的问题在哪里？德育的问题是什么？课堂教学存在什么问题？班主任个人负责制有什么弊端？等等，他都进行了系统的剖析，在此基础上找出规律，形成改革的思路和行动。钱铁锋教科研思想的鲜明特色是重视基于问题，特别是基于关键问题开展研究，从中探寻规律，并且提出解决问题的办法与措施，在实践中取得成效。

3. 科研主体观——强调教科研的主体是一线教师，基本载体是课题

钱铁锋在强调培养骨干、骨干多担当的同时，提出"人人进课题组"。"人人进课题组，年轻教师可能不主持课题，但起码要参与进去，不断积累经验，不出三年就会有相当的科研能力。"

钱铁锋不满足"学校有课题"——这不是对"事"的考虑，而是要每位教师都具有"科研能力"——对"人"的考虑。他的理想是学校教师人人都能拿起教科研这个武器去探寻规律，改进工作，获取教育的幸福感。

他还强调，作为教科研的主体——教师，在科学探索中要不畏艰险，攻坚克难。可见，钱铁锋所说的科研主体，应是能动的主体、充满创造力的主体。

教科研要做的事很多，哪项是最主要的？教科研拿什么作为载体？钱铁锋强调教科研必须以课题统领。所谓课题，是在办学实践中值得我们研究探讨的问题，解决了这些问题就会使我们的教育力有很大的发展。

课题是对研究问题所做的规范表述，它明确了问题研究的背景、目标、理论依据、内容、方法、条件及成果的呈现方式等。抓住科学的课题开展研究，可以使我们方向明确，少走弯路，事半功倍。钱铁锋强调教科研抓住课题研究，是牵住了教科研的"牛鼻子"。

4. 科研品格观——强调教科研要体现人格追求

从教有教品，从艺有艺品，做教科研也有"研品"的问题。钱铁锋始终强调，做教育、做教科研一定要有好的品格。第一，眼光。我们要高瞻远瞩，要看到整个国家的未来，要看到学生的未来，否则我们的教育将是非常短视、非常功利的。第二，良知。我认为我们学校的这方天空是比较纯净的，大家可以大胆地根据自己的理解和良知去开展工作。第三，勇气。不要认为绝大部分学校在搞应试教育，这样的潮流就不能去反。我认为只要符合教育规律，就应该坚持，而不去管有多少人反对。做任何事情，没有勇气是不可能成功的。第四，智慧。单有勇气是不够的，我们要思考，要学习，要按照规律去办事。可以先通过试验去研究，然后再推广。

教科研的主体，应该是有眼光、有良知、有勇气和有智慧的主体，只有这样的主体，才能完成历史的担当。钱铁锋强调的做教科研的品格，使我们能够摆脱单纯技术观念，坚持以德为先，大气做教科研。唯有如此，才能做

出教科研的高度和深度。

5. 科研效益观——强调教科研成果的推广

钱铁锋非常强调教科研成果的推广，多次提醒要"特别重视课题的实际应用和成果转化。这样你就是一个非常理性的教育工作者，你才能把自己的事情做得事半功倍"。

钱铁锋身体力行做教科研成果推广，除每年至少两次给全校教职工做学术报告，还要接待十几批外地校长、骨干教师及媒体朋友，宣讲办学经验和教科研成果。在每年的新教师培训中，学校安排科研型中层干部给新教师介绍学校三项中心工作所取得的经验和成果。学部教研组对一些行之有效的教科研成果，如"科学认读""科学用嗓"等，立项推广。2010年11月，钱铁锋在调研讨论的基础上果断决策，筹划公开出版一套"新教育探索丛书"，总结和宣传学校教育改革与探索的成果，打破应试教育一统天下的沉闷氛围。

目前，学校已经初步形成三级推广路径：学校推广、学部推广和教研组推广，取得一定成效。但是在教科研成果推广的目的、目标、内容、方法、评价及有效组织等方面还有待进一步探讨。

6. 科研策略观——强调思维与工作的重点论

钱铁锋研究认为，二元论的危害是相当大的，要避免二元论。如果能走向重点论，判断当时背景下什么是主要的、该肯定的，什么是次要的、不能被肯定的，看待问题就会成熟很多。

他举了各方面的例子来说明二元论普遍存在、危害极大。每次举例少不了要讲教科研。他说："有人认为'教科研是需要的，但是教学任务太重，没有时间搞，否则就不务正业了。'请问何为正业？正业就是通过我们的教育使学生素质得到提高。如果教师不去思考问题，不去进行专门的研究以提高教育的艺术、效率，怎么把教育任务完成得好？教科研搞得好的老师，一般整个教学工作也会比以前搞得好，所以你担心搞教科研影响教学是没有依据的，这些都是二元论的观点。"他指出，我们对教科研重视还不够，很多教师教科研意识不强，主要还是凭经验工作。

教师要发展必须重视教科研，而课题是教科研工作中的主要抓手。那么，各种课题是否有重点、有主次之分呢？钱铁锋在课题的选择上也给我们做出了榜样：不仅要做课题，而且要做那些对全局有关键影响，做了就有可能令全局改观的课题，即主导性课题。他以极大的精力与智慧，策划了"教育力与教育关系"的研究课题，抓住了学校改革与发展的命门，并且在德育、教学、管理等学校工作的主要领域，都提出了每个领域研究的主导方向，令人信服地引领学校的各项改革不断深入和取得成效。

7. 科研资源观——强调开发和利用各类教科研资源

钱铁锋将"开放"作为办学必须遵循的原则之一，教科研也贯彻这一原则，面向校内外做教科研。

他强调学校内存在大量的研究资源——问题就是资源。校外的资源，钱铁锋十分重视。他积极倡导与大学及科研院所取得联系，争取帮助，将其作为重要的教育关系来思考和运作，采取"走出去、请进来"的办法，让教师们多接触专家、学者，提升教科研水平。如今，学校已成为江苏省社会科学普及示范基地、江苏省中小学校长培训基地、南京师范大学班主任研究中心实验基地、东南大学儿童发展与学习科学教育部重点实验室实习基地等，每年都有许多专家、研究生来校做调查、做指导，给学校及教师的发展带来极大的帮助。

8. 科研保障观——强调教科研要有投入及制度保障

学校创建即设立教科研中心，聘请资深专职科研人员组织工作；学部设分管教科研的主任，配备兼职的科研员；在组织机构和干部配备以及经费投入上保证教科研。校长室还陆续出台了教科研的制度，其中有：《南外仙林分校办学法典之七——教育科研规程》《教科研课题申报及管理办法》《教科研评审及奖励办法》《关于设立兼职科研员的意见》《教科研骨干教师培训班组织办法》等。这些措施，都保证了学校教科研工作的高起点开展。

以上八个方面，既指出了教科研的本质与追求，又揭示了教科研的主体、内容及操作策略，还涉及教科研的资源开发和条件保障，构成了钱铁锋系统的教科研思想，成为学校办学思想的重要组成部分。

二、钱铁锋教科研思想的价值

钱铁锋教科研思想的价值至少有这样几个方面。

1.强化规律意识，弘扬理性精神

钱铁锋教科研思想系统的形成，最突出的价值是在滞后于社会发展的教育界重树了规律意识，弘扬了理性精神。

何为规律意识和理性精神呢？著名学者袁正光认为："科学给人类提供了一个崭新的观念：无论是自然界还是人类社会都是有规律的。关于自然界和人类社会都是有规律的认识，我们叫'规律意识'。人类可以认识规律，并把规律上升为科学，用以指导人们的行动，我们把这种精神称作'理性精神'。在科学时代，人类已经聪明到这样的程度，干什么事情，先弄清事物的基本原理，然后运用科学原理指导自己的行动。也就是说，人类的行为模式已从过去的'生产—技术—科学'转向现代的'科学—技术—生产'。这是现代社会比以往任何时代高效率发展、高速度前进的根本原因。"①

钱铁锋大会小会都讲"要理性思考"，"要遵循规律"，特别是将"顺其自然"列为校训，突出表现他对规律意识的推崇。正如他指出的："校训的指导价值：在浮躁、非理性的教育背景下保持清醒的头脑。按教育规律、学生成长发展规律、市场规律办事，坚守教育的宗旨、教育的理想、教育的价值观和教育的效能。"

2.揭示学校发展的内因，推进基础教育的科学发展

钱铁锋在全国率先提出"教育力与教育关系"理论，揭示学校发展的根本内因。"传统的教育学、学校管理学一般是把教育分解为德育工作、教学工作、后勤工作等，但是教育的各元素之间，如人、财、物、信息管理，它们之间到底是一种什么关系，如何配置，我们该怎么去理解？在对此问题的思考上，我们提出教育力与教育关系。……对于教育力与教育关系的问题，你也许会把它看作是理论问题，但在我们看来是教育实践的问题，学校的发展和改革急需解决的问题。"

学者谷力（教育学博士，南京市小教培训中心主任）2008年任南京市教科所副所长时邀请钱铁锋在"南京教育论坛"上做"教育力与教育关系"学术报告，点评时指出这一理论"具有划时代的意义"。在其后该课题开题报告会上他发言指出："这么多年来，谈教育改革，教育行政部门以及学校都

---

① 袁正光.现代文明的基石：科学、技术与社会[M].北京：中国协和医科大学出版社，2003：226.

做了很多探索。但是据我了解，那么多教育改革基本是局限于教学改革，没有真正意义上的教育管理改革。因此钱校长这个课题非常有创意，可谓是中国教育管理界的第一人。中国教育的改革，要通过系统的改革、结构的改革来完成，以促进教育功能、教育效率的提高。我个人非常同意钱校长的观点，该课题如果能研究成功，对中国学校教育的发展、教育管理的变革将是一种极大的推动，甚至能为全世界的教育管理提供很好的借鉴作用。"他代表研究专家所做的评价，使我们更加认清钱铁锋教科研思想对教育实践的价值。

3. 指引教师较快发展

教师成长与发展需要引导，最重要的是思想引领。南外仙林分校的教师是钱铁锋教科研思想的最大受益者。钱铁锋提倡凡事要多从规律上考虑，要坚持重点论，每一项工作都要抓住中心去做，等等，对教师发展影响深刻，引导广大教师提高思维水平和改革能力，从而使理想教育、课堂教学改革、班级管理体制改革等各领域科研型教师不断涌现。

三、重视学习和运用钱铁锋教科研思想

我们探讨和分析钱铁锋教科研思想，是为了学以致用。

1. 从学习中把握规律意识

我们学习钱铁锋教科研思想，最主要的是学习他的规律意识，事物的发展有规律，学生的发展也是有规律的。就三年一个循环来说，第一年、第二年、第三年，学生有什么不同特点？学生工作在不同学年各有何重点？通过众多的经验分析，是可以找到规律的，因而就可以制订符合规律的工作计划和工作流程。学科教学也是如此。学习钱铁锋教科研思想，找出规律，就可以让更多的教师受益。学校鼓励教师多总结、多提炼、多写论文，其实就是鼓励教师努力探寻规律。

2. 从学习中端正教科研态度

钱铁锋教科研的态度，他的追求——"眼光、良知、勇气和智慧"，是值得用心学习的。而要真正把这种态度学到手，必须对自己真实的教科研状态持反省态度。例如，教师做课题，一开始有很强的功利色彩——为了评职

称，为了评先进等，这是可以理解的。但是不能停留在这一步。真正使教师的教科研能够走得远的，真正吸引教师做教科研的，应该是那些困扰教育、阻碍学生发展的尚未解决得好的问题——天天都能遇到。当我们经常审视自己的"眼光、良知、勇气和智慧"时，就能使自身强大，就会视作教科研工作为幸福，就不会被艰难困苦所压倒。

3.从学习中掌握教科研策略和方法

学习钱铁锋教科研思想，还要学习他从事教科研的策略和方法，最重要的就是坚持重点论，关注并积极解决妨碍教育发展的主要问题。就拿课堂教学改革来说，共性要求是必须改，必须建立学生自主互动的学习模式。但各班情况不同，做起来肯定就不一样。有的班学生自学意识与自学能力问题比较大，有的班学生合作意识与合作能力问题比较大……这时最重要的是分析"我面临哪些问题？主要问题是什么？"，这样才能有针对性地采取措施，取得比较理想的结果。

钱铁锋教科研思想比较系统，同时也令人耳目一新，可以帮助人们认识规律、掌握规律，依据规律从事教育。全面学习并掌握这些思想，我们就有可能在纷繁复杂的教育乱象中，清醒地做真教育，帮助青少年健康成长。

附录二

南京外国语学校仙林分校
中学生综合素质多元评价方案
（试行）

根据江苏省教育厅颁发的《江苏省普通高中学生综合素质评价方案》和南京市颁发的《初中学生综合素质评价方案》，结合我校学生实际，制定本方案。

一、指导思想

进一步落实"以人为本"的教育理念，更好地促进学生发展个性的同时，全面提高学生综合素质，运用多元智能理论，让每一位学生充分展示自己的优势领域，体悟到学习、生活过程中的快乐，引领学生健康发展，使学生在不同方面实现个人的价值，找到自己的闪光点，促进学生个性和潜能发展。

二、评价原则

（一）多元评价原则

充分肯定每一个学生的个性特长、进步与发展，激发学生的自信和自主发展的欲望，引导学生更加客观全面地评价自己，明确自我发展的目标与方向，使每一个学生都能在不同的方面得到肯定和鼓励，促进学生的全面发展和个性特长发挥。

（二）导向性原则

充分发挥评价标准的导向作用。通过制定评价指标，明确评价程序，强化评价措施，从而引导学校和教师全面关注学生发展过程，张扬学生个性，全面提高学生的综合素质。

（三）"三公"原则

学校在对学生进行综合素质评价过程中，必须坚持公平、公正、公开的原则。以向学生高度负责的精神和态度，认真细致、实事求是地做好每一项评价。

（四）发展性原则

坚持以发展的眼光看待学生，注重学生的日常行为表现，将形成性评价与终结性评价有机结合，有效发挥评价的激励功能，突出评价对学生全面发展的促进作用，使评价过程成为学生不断认识自我、发展自我和完善自我的过程。

（五）可操作性原则

评价指标简明，方法易行，避免过于形式化和烦琐，便于一线教师使用。

三、组织实施

学校成立由校长任组长的南外仙林分校中学部学生多元评价工作领导小组。该领导小组负责制定评价实施细则，具体组织实施评价工作，审定评价结果，受理咨询、申诉和复议申请。

南外仙林分校中学部学生多元评价工作领导小组成员：

组长：张玉东

组员：王海韵 张爱民 张国其 刁淑颖

四、评价内容、奖励方式及操作流程

（一）评价内容

我校中学生的综合素质多元评价体系分为6个维度：道德品质、公民素养、学习品质、交流合作、运动健康、审美表现，各维度二级指标如下：

中学生综合素质多元评价体系

维度	内容	评价标准	自评	组评	终评		
					组级	校级综合	校级单项
道德品质	爱国学子	①热爱祖国，关心国家大事，严肃认真参加升旗仪式，仪表端庄，唱国歌时声音洪亮。 ②自觉维护祖国的尊严，敢于并善于同恶意攻击国家的言行做斗争。不做有损国家形象的事，不说不利于民族利益的话，一切从祖国的荣誉和利益出发。 ③在出国交流、求学及旅游等外事活动中，自觉遵守所在国的法规，尊重所在国的风情民俗，没有有损于国家的言行。					
	浩然学子	①有正义感，坚持原则而又不苛求他人。 ②发现有不正当行为能及时制止，做事光明磊落。 ③积极向上，不断进取。					
	勤俭学子	①珍惜他人的劳动成果，不浪费，不攀比。 ②自觉节约水电等公共资源并能带动他人，注重能源、学习用品的再利用，爱护公共财物。					
	孝敬学子	①在家庭，体贴父母，能与长辈多沟通交流。 ②在学校，尊重老师，虚心听取意见，主动问好。 ③在社会，尊重并能主动帮助年老体弱的长辈。					
	诚信学子	①重情重义，诚实守信，敢于承担责任，不欺骗他人。 ②表里如一，言行一致。 ③拾金不昧，在同学中有较高的诚信度和影响力。					

维度	内容	评价标准	自评	组评	终评		
					组级	校级综合	校级单项
公民素养	"三自"学子	①自觉遵守校内外的各项法规制度，自我约束力强。 ②善于独立思考，有较强的上进心，对自己的成长有目标、有规划、有行动。 ③能科学自主安排时间，做事讲究效率。 ④有较强的民主意识，能够依法维护自身权益。 ⑤生活充实，学习高效，乐观自信。					
	儒雅学子	①具有较高的文明素养，谈吐优雅，在与他人的交往中，能做到尊重、宽容。 ②言行规范得体，有较深的文化内涵和人格魅力。					
	爱心学子	①对人友善，爱父母，爱老师，爱同学，爱护小动物，爱护花草。 ②热心公益活动，表现突出。					
	环保学子	①环保意识强，能积极参加环保公益活动，注重节约。 ②认真做好值日工作和保洁工作。					
学习品质	善学学子	①有良好的学习习惯和方法，勤学好问，善于总结学习经验，与同学分享学习成果。 ②学习成绩优秀。 ③在全国、省、市或区组织的各项竞赛中成绩优异。					
	勤奋学子	①学习态度认真，有毅力，不怕挫折。 ②学习成绩有进步。					

维度	内容	评价标准	自评	组评	终评		
					组级	校级综合	校级单项
学习品质	创新学子	①善于打破常规思维，有创新意识与勇气。 ②不迷信权威，具有批判意识，在学习上不拘泥于书本知识，学习方法独特，在活动中有创意。					
	雄辩学子	①积极参与相关活动，善于演说，敢于陈述自己的观点，与他人论辩时有理有据，以理服人。 ②在阐述自己的观点时冷静理性，善于控制自己的情绪。思维清晰敏捷、尊重对方。					
交流合作	合作学子	①积极参与活动，在活动中有团队意识。 ②具有较强的协调组织能力，能尊重并悦纳与自己意见不同、性格不同的人。					
	实践学子	①积极参与学校组织的各项活动。 ②在活动中动手能力强，在实践中善于体验、探究、总结经验。					
	领袖学子	①有一定的号召力、影响力和组织能力，在工作中善于说服他人，有主见。 ②工作目标明确，有感召力，能以身作则，起带头作用。 ③处处以团队利益为重，有全局观念。					
运动健康	阳光学子	①身心健康，积极参加锻炼。 ②认真上好体育课，做操认真，动作规范。					
	"五环"学子	①有一定竞技技巧，积极参加校内外各项体育活动。 ②在各类体育比赛中有突出的成绩。					

维度	内容	评价标准	自评	组评	终 评		
					组级	校级综合	校级单项
审美表现	艺术学子	①有一定的艺术特长，有较高的艺术素养。②在各项艺术活动中，积极参与，表现突出。					
	自报项目						

（二）奖励方式

1. 学校设各类奖项，各班通过学生自评—学生互评—班级审核的方式，审核确认后，由年级组颁发奖状进行表彰。

2. 学生根据自身情况，申报自评的二级指标项目不超过10个，组评项目不超过8个，教育小组终评不超过6个。

3. 各班根据情况，凡符合以上评价内容中6个纬度二级指标项目各一项或以上的学生，由班级推荐至学生处，经学校审核确认后，颁发"彩虹奖——综合素质发展奖"荣誉证书。各班申报比例不超过20%。

4. 各班根据情况，在二级指标中任选8项，推选出最突出的学生，上报至学生处，经审核确认后，颁发"彩虹奖——校级单项奖"。

（三）操作流程

1. 自评：学生根据自身实际情况，对照多元评价表上的二级指标评价内容及标准，认真评价自己，也可自报项目，但自评项目不超过10个。

2. 组评：各小组组长和组内班干部评价组员，组长之间相互评价，同时接受班教小组成员的监督，组评项目不超过8个。（参考自评，但不拘泥于自评）

3. 终评：班教小组成员参考自评和组评对学生进行全面客观的评价，评价出的结果为年级"彩虹奖"，而校级"彩虹奖"（包括综合素质发展奖和单项奖）的产生要在此基础上再经过两个步骤：（1）班教小组成员根据终评结果推选出综合素质发展奖的候选人，全体学生投票产生（建议：候选的学生可以先述职然后再组织全体投票）；（2）班教小组成员推选出校级单项奖的候选人，全体学生投票产生（建议：候选的学生可以先述职然后再组织全体投票）。特别注意校级单项奖候选人要在综合素质发展奖产生后再由班教小组成员斟酌选定。

五、补充说明

1."彩虹奖"寓意：美丽的彩虹是由多种色彩组成的，它象征着生命的多彩、青春的绚烂，象征着学生个性发展的多元。彩虹犹如一条学生通往理想的七彩之路，引导着他们快乐、幸福地成长。

2.校级单项奖与综合素质发展奖不可兼得。

3.凡违反国家法律和学校校纪校规的学生均不得申报参评校级"彩虹奖"。

4.各班建立学生档案袋，注意过程材料的收集记录。

附录三

南京外国语学校仙林分校小学部学生惩戒条例
（2010年9月发布于学生手册）

第一条 为培养学生完全的人格，培养有责任感的公民，为保障教师正确教育学生，维护正常教育教学秩序，体现教育的公平与公信，依据我国现行法律和有关规定，制定本规则。

第二条 教育惩戒是指学校或老师对犯有过错的行为学生进行惩治而达到警戒学生和教育学生目的的行为。

第三条 教育惩戒不得违反《中华人民共和国义务教育法》《中华人民共和国未成年人保护法》的有关禁止性规定。

第四条 教育惩戒应当遵循教育目的原则、过罚适当原则、公平原则、权利保障原则和限制影响原则。

第五条 教育目的原则是指本规则规定的所有教育惩戒必须以教育为最终目的，旨在促进学生健康发展，以教育行为学生为实施处罚行为的出发点和归宿点。

第六条 过罚适当原则是指所实施的教育惩戒应当与行为学生的违纪、违规行为的轻重程度相适当。教育惩戒方式程度不得超过行为学生的违纪、违规行为的程度。

第七条 对每个行为学生进行教育惩戒必须坚持公正，人人平等，不得讲亲疏和个人好恶，以私情代替制度。

第八条 进行教育惩戒时，应当保障被教育惩戒学生的合法权利，不得限制、剥夺或侵犯学生的合法权利，不得有伤害儿童尊严或有辱人格的行为。

第九条 在所做出的惩戒决定可能对学生造成不利影响时，应将这种不利影响限制在尽可能小的范围内，使"目的"与"手段"之间处于适度的比例。

第十条 拟实施教育惩戒的行为一般应当具备下列条件：

（1）该行为已经违反小学生行为规范和学校的有关规定。

（2）该行为已经导致一定的破坏性或不良影响。

（3）该行为属于学生本人自身过错与过失。

（4）违纪行为系学生个体所为，且违纪者有能力控制其行为的发生与发展。

（5）不惩戒就无法维护正常的教育教学秩序，就不能保证学生个体的教育利益及健康发展。

第十一条 学生有下列行为时，可以进行教育惩戒：

（1）违反小学部"两禁一穿"（禁手机、禁零食、穿校服）规定的。

（2）携带危险品入校的，做危险游戏的。

（3）上课不专心，坐姿严重不正，扰乱正常课堂秩序，做出怪异言行的。

（4）在寝室、餐厅、教室、走廊、活动区域等公共场所大声喧哗，追逐打闹，围观起哄，甚至打架的。

（5）不守秩序，上下楼梯抢道推搡，乱扔废弃物、随地吐痰、便后不冲厕所的。

（6）无故不参加学校和教师指定的教育活动，迟到或旷课、逃学的。

（7）不做作业，抄袭作业，考试作弊的。

（8）严重撒谎，瞒骗家长和教师的；与同学发生纠纷，不依靠学校去解决，私下找无关人员处理造成后果的；不配合学校和教师对违纪行为实施调查或者做伪证的。

（9）随意涂抹、改写、撕毁学校公告通知，在公共建筑上乱涂画、污染墙壁的。

（10）经常性公然藐视他人，欺负他人；不服从教师正当管理，不尊重师长或同学；对同学或教职员工有严重威胁性暴力行为的。

（11）因不遵守公共秩序、学校纪律而导致他人受到伤害的。

（12）毁坏、偷窃公物或他人财物；拦截他人强行索要财物，或有抢劫、敲诈行为的。

（13）其他影响教育教学秩序、违反小学生规范的行为。

第十二条 教育惩戒有以下方式：

1. 言语责备；

2. 致信家长或监护人；

3. 短时间隔离；

4. 十分钟"值日"；

5. 剥夺自由活动权利；

6. 取消校内某种奖励或资格；

7. 暂时没收物品；

8. 留校；

9. 校内公开警告；

10. 处分；

11. 暂时由家长带回家教育；

12. 转学，取消学籍。

第十三条 对1—8项的教育惩戒方式老师可以自主决定和执行，对9—12项的教育惩戒方式需由主管老师报送学部，由学部或学校决定和执行。

第十四条 短时间隔离是指将行为学生从其扰乱背景中分离出来以控制学生的行为，如让学生坐到教室的一个固定角落或窗口听课。

被隔离的学生不应被剥夺受教育权，且时间不宜超过半小时。

第十五条 十分钟"值日"是指行为学生在老师的监督下完成十分钟的校内劳动，如打扫卫生等。

第十六条 剥夺自由活动权利是指在课外自由活动时，主管老师将行为学生留在教室或办公室内，进行静坐反思、说服教育等。

此方式现场必须有教育小组老师看护。

第十七条 取消校内某种奖励或资格是指取消行为学生被评为荣誉学生、参加校内某方面竞选的资格等。

被取消的奖励或资格应是学校正常教学活动之外的，与学生受教育权无直接联系的权利或资格。

第十八条 暂时没收物品是指学校或老师可以暂时没收与违纪行为有特定关系的物品，在适当的时候再归还学生或家长的教育惩戒方式。

第十九条 留校是指在周末放学后将行为学生滞留在学校一段时间进行教育。

滞留一般不超过一小时，并以与家长沟通联系、能解决学生接送问题为前提。

第二十条 处分系对行为学生违规行为严重时所实施的教育惩戒方式，处分包括记过、记大过、留校察看等。

第二十一条 暂时由家长带回家教育系指要求由行为学生的家长将行为学生带离学校，由家长进行疏导教育的教育惩戒方式，是将行为学生排除于学校教育活动之外的一种惩戒手段。

带回家时间不得超过连续三天。

第二十二条 由学部或学校决定的教育惩戒应当按下列程序进行：

（一）违纪或违规情况调查

（二）听取行为学生申辩

（三）做出初步教育惩戒意见

（四）向行为学生和其家长通报

（五）对学生和家长意见进行反馈沟通

（六）做出决定

（七）公布与执行

第二十三条 教务处负责保存学部处分决定的完整记录。

警告、严重警告记入当学期操行评语，受记过以上处分记入学生档案或学籍卡，撤销后在档案中注明。

第二十四条 受处分学生如有明显进步，错误确实改正，可予以减轻或撤销处分。减轻或撤销处分由受处分学生提出申报减轻或撤销处分申请，经班主任同意后，填写报批表，由校行政会批准后公布。

撤销处分的决定由校长签发。

第二十五条 受教育惩戒的学生或其家长对老师做出的第6项或学校拟做出或已做出的第9至12项的教育惩戒方式认为存在下列情形的，可申请听证或复议：

（一）依据的事实不清，证据不足的

（二）依据的条款适用不当的

（三）方式明显失当的

（四）决定违反相关程序规定的

第二十六条 听证或复议应当在知道拟做出意见或做出决定之日起七日内向学校督导室提出申请。

申请应当是书面的。

第二十七条 听证或复议由学校督导室组织进行。督导室应当在收到听证或复议申请后十日内安排听证或复议。

第二十八条 听证或复议的评议人员由督导人员、教师代表、学生代表和家长委员代表按2∶2∶2∶1比例组成。

评议人员总数应当是单数。

第二十九条 原调查人不能担任评议人。

第三十条 教师代表、学生代表和家长委员代表原则上应从被教育惩戒学生同班或同年级产生。

第三十一条 听证会或复议程序由督导室负责人或其指定的督导人员主持进行。

第三十二条 主持人负责组织和主持听证会工作,具体履行下列职责:

(一)决定听证会的时间、地点

(二)组织和主持听证会

(三)决定证人、鉴定人、勘验人参加听证会

(四)询问听证参加人

(五)决定听证会的中止

(六)维护听证会纪律,对违反听证会纪律的人员予以制止,情节严重的可以责令其退出

(七)其他由主持人行使的职责

第三十三条 主持人应当在接到听证申请后五日内组成评议庭,并将时间、地点通知评议庭组成人员及全部应当出席听证会的参加人。

第三十四条 听证会或复议程序由下列人员参加:

(一)申请人

(二)学校方代表

(三)评议人员

(四)记录人

(五)证人、鉴定人员

（六）其他与听证或复议事项相关的当事人

第三十五条 听证会按下列程序进行：

（一）由申请人陈诉申请请求、事实与理由

（二）由学校方代表进行答辩

（三）由申请人提供证据，进行质证

（四）由学校方代表提供证据，进行质证

（五）评议人员提问

（六）双方辩论

（七）陈述最终意见

（八）评议人员进行评议并做出评议结论

（九）公布评议结论

第三十六条 评议结论依据多数评议人意见做出。

第三十七条 听证评议人认为行为不能成立的，有关部门应当立即停止一切调查活动，终结教育惩戒决定程序，并且不得以相同的理由重新进行调查。

评议人认为违纪行为能够成立的，应当由学校会议讨论，依据事实、校纪、校规，充分考虑当事学生的陈述和辩解，做出相关的纪律处分的决定。

第三十八条 复议按上述听证的程序进行。

第三十九条 复议评议人根据不同情况，分别做出以下评议决定：

（一）教育惩戒措施事实清楚，证据确凿，适用依据正确，符合法定程序的，决定维持。

（二）教育惩戒措施有下列情形之一的，决定撤销，并可以决定要求学校重新做出教育惩戒措施：

1. 主要证据不足的；

2. 适用依据错误的；

3. 违反法定程序的；

4. 超越职权的；

5. 教育惩戒措施显失公正的。

第四十条 听证和复议程序应当在受理后十五日处理完毕。

第四十一条 学校认为有必要时可以组织学生或家长旁听。

第四十二条　如学生对复议结果不服的，可在收到评议决定后七日内向学校校长室提出申诉。校长室认为原教育惩戒措施有误的，提请本校校长决定再次复议；校长室认为原教育惩戒措施没有原则错误的，书面驳回申请。

第四十三条　上述申诉，校长室应当在收到申诉书后一个月内做出决定。

第四十四条　复议和申诉期间不停止原教育惩戒决定的执行。

第四十五条　本规则由校长会议负责解释。

第四十六条　本规则自二〇一〇年九月一日起施行。

附录四

南京外国语学校仙林分校中学部
理想教育纲要
（试行）

绪　言

理想，实际上是人们所追求的超越现实的生活目标，是关于自己人生规划的远大志向，是人有品位、高质量生活的支撑和动力，是人的生命活力的核心和源泉。

人总是要有点精神的，而这种精神的核心就在于人的理想、追求和目标。理想是人性光辉的集中表现，是内在潜能自我开发的原动力。一旦理想转化为自己坚定不移的决心和信念，就可以迸发成坚强的意志和坚定的行为，就可以发挥出人的巨大潜能，激发出人的最大主观能动作用。

学校教育的本质功能在于优化和完善人的素质，既铸才更铸魂。而理想教育实际是对青少年进行世界观、人生观、价值观的教育，是思想品德教育的重点和最高层次，是学校全面实施素质教育的奠基石。理想教育的目的在于唤醒青少年的自我意识，培养青少年的主体精神，引导青少年确立志向，树立自信，自定目标，规划人生，指导行为，使青少年由不自主、不自觉、不主动的生命状态进入到自主、自觉、积极能动的生命状态，为进一步激发自身潜能，提高自身的综合素质，实现可持续发展和生命的价值奠定基础。

在南外仙林分校办学宗旨——全面实施素质教育，建设高质量、有特色、开放性、整体推进率高的国家一流外国语学校的引领下，学校确定理想教育为对学生育德的重点和切入点，以此为突破口，力求提高学校德育以至整个素质教育的实效性。鉴于此，特制定《南京外国语学校仙林分校中学部理想教育纲要（试行）》（简称《理想教育纲要》），从而为本校教师进行理想教育提供可借鉴的操作性较强的蓝本，使理想教育循入科学、有序、实效的运行轨道。《理想教育纲要》的内容包括理想教育的基本依据、主要理念、教育原则、实施途径、分年级实施细则五个部分。实施《理想教育纲要》，是一项整体工程，在充分发挥广大教师和家长、社会各方面的积极性和创造性，协调一致，共同进行理想教育的前提下，特别要注重发挥和依靠学生的主体作用，整合协调以提高理想教育以至整体素质教育的效能。

一、基本依据

1. 近年来教育部若干德育文件，特别是2004年《中共中央国务院关于进一步加强和改进未成年人思想道德建设的若干意见》。

2. 新课程改革的主要理念和基本精神。

3. 青少年发展需要、特点、规律及其现实生活中的思想实际。

4. 关于理想的内容结构及青少年理想信念所必需的相关因素。

5. 南外仙林分校发表的办学公告、办学报告、办学思考等文件。

6. 南外仙林分校的学生实际。

二、主要理念

1. 坚信一切学生都有追求成功的愿望。

2. 坚信一切学生都有生命潜能，并且都可以造就。

3. 坚信一切学生都渴望被尊重、被理解、被赏识、被信赖。

4. 坚信人的智力无显著的高下之分，但却有多元智能类别之分。

5. 坚信人是一个整体，人的内在素质之间存在着相互关联、相辅相成的整合效能。

6. 坚信人是一个多维度的矛盾统一体。"尺有所短，寸有所长"，必须坚持"扬长避短，长善救失"教育原则和多元价值评价标准。

7. 坚信每一个人都是一个有灵性的生命主体。如同宇宙中一切有生机的万物一样，需要适时、适度的阳光、空气和水分，教育的使命在于创设促使人生命生长发育的环境、条件和机制。

8. 教育以人为本，人以生命为本。必须坚信教育是伴随着每一生命个体发育、成熟的过程而同在。理想教育的过程即在学生由自然人到社会人的过程中，因势利导，引领和帮助学生珍爱生命，尊重生命，让生命闪光，并指导学生学会人生自我规划，促使每一阶段的努力目标不断实现的过程，是学生对生命价值的理解与提升的过程，是学生培养主体精神，实现生命和谐发展的过程。为此，学校必须努力构建以培养主体精神为主轴的理想教育体系。

三、教育原则

1. 时代性原则　教育具有时代特点，反映当代学生发展需要和思想实际，让教育贴近学生生活，引领学生面向未来。

2. 主体性原则　在师生互动合作中引领学生在成长过程中发挥主观能动性。

3. 针对性原则　集中性教育和分散性教育有机结合，紧密贴近学生生活实际，善于提出焦点、热点话题引导学生进行观点碰撞，产生心灵震撼。

4. 激励性原则　坚持正面教育，积极引导激励学生奋发向上。

5. 趣味性原则　结合学生特点，开展丰富有趣的活动。

6. 循序性原则　将系列性与层次性有机结合，体现年段分层循序成长特点。

7. 践行性原则　加强实践活动，将道德认识和行为指导相结合，让学生在践行中体验和感悟。

8. 实效性原则　集体教育与个别教育相结合，所有教育活动要注重学生主体感受和领悟，要加强活动后的多形式的互动交流和提升。

9. 示范性原则　开发身边人榜样熏陶的潜力，特别要重视教师言传身教的作用。

10. 整合性原则　显性教育与隐性影响结合，自然学科知识、社会学科知识与人文学科知识结合，读书与践行结合，学科学习与多维活动结合，校内活动与校外社会实践结合，学校与家庭、社会力量结合等。

四、实施途径

理想教育是我校德育工作的核心，实施理想教育要充分利用校内教育资源，在此基础上，创造性地开发校外优质教育资源，使学生在潜移默化中感受到有目标、有追求生活的乐趣，从而更自觉地在追求理想的过程中提升生活的质量。为此，根据学生实际，学校力求从八个方面开掘与建构理想教育实施途径。

（一）目标引领系列

1.起始年级每位学生在教师指导下制订远、中、近期目标（期中考试后一周），其他年级学期初，在原有基础上加以补充、修改和完善（初、高中段，各修订5次）。

2.每位学生制订实施目标的具体计划。

3.每学期自查、互查目标实现情况，并填入成长档案袋。

4.阶段性目标达成以后，要给予适当的肯定和奖励。

（二）班会系列

将理想教育融于校本生活指导课程之中，并以学校生活指导课程为蓝本，以班、队会和公寓主题活动为载体，每学期根据学生思想实际，以理想教育为专题，开展4次理想教育主题班会，初、高中段6年共48次。

（三）影视系列

1.每周一次，利用周日晚8：30—9：30播放追求理想、激励人生的经典电影。如条件成熟，按年级播放，各年级每学期播放16次，专人负责。

2.组织学生收看中央电视台晚7点的《新闻联播》。

（四）阅读系列

1.学校利用课外时间，按年级组织学生到阅览室、图书馆看书读报，年级组负责安排专人指导。

2.初、高中段，学生每学年从学校推荐的名著中选1本，每位学生中学6年要读6本名著。

3.撰写阅读笔记，鼓励学生摘抄。

（五）报告、访谈系列

1.请学者、知名人士、成功人士，包括成功家长、教师及学生定期做报告，每学期4次大型报告会。学期前安排好时间、地点、报告主题。

2. 组织学生到社会上采访有影响的人物，即每学期做大型访谈4次。

（1）提倡各班级利用访谈形式，组织班级活动，开展理想教育。

（2）活动后，学生要写感受，在班级互动交流。

（六）实践体验系列

1. 组织学生走出校园，关注社会弱势群体，体验生活，感悟人生，激发斗志。初一年级：省际牵手活动；初二年级：民工子弟学校和盲人学校帮扶活动；高一、高二年级：贫困大学生帮扶活动，作为常规接力。

2. 军训活动：起始年级学生入学军事训练，吃苦磨炼。

3. 校园服务实践活动。

4. 春、秋游活动：以年级为单位，春游远足，秋游则每学年去一个校外活动地点（雨花台、大屠杀纪念馆、南京科技馆、南京博物院、南京中山植物园、紫金山、明城墙等）。

5. 每学年观赏1次大型文化艺术演出活动。

（七）重大事件教育系列

1. 民族传统节日：如中秋节、春节、五四青年节、国庆节等。

2. 国际性节日：如艾滋病日、圣诞节、地球环境日、五一劳动节等。

3. 社会热点及国家大事：抓住时机，利用夕会、班会、晨会等开展具有震撼性的生动活泼的活动加以教育。

（八）学科教育系列

课堂教学是实施理想教育的主要渠道，教师必须确立在课堂教学中对学生进行理想教育的自觉意识，并结合本学科性质特点和教学内容，从显性与隐性两方面，充分开发学科中理想教育潜能。

五、分年级实施细则（略）

后　记

　　历时六年多的艰辛努力，《变革学校——一位中学校长的口述史》终于可以交付了。应该说，这本书的诞生是缘于两代人共同对于教育梦的追寻。研究的过程成了一种精神对话、精神成长的过程，即雅斯贝尔斯意义上的教育过程。而这种研究经历本身也成为一个探索之旅、愉快之旅和幸福之旅。

　　书的写作缘于2013年5月15日，我和钱校长一起应邀前往浙江省余姚市讲学途中三个多小时的长谈。之前对南外仙林分校班级管理体制改革的长期关注，对钱校长办学思想、教育理想与信念的钦佩，以及长期以来彼此之间的相互信任和精神支持，使得写作这样一本书的想法一拍即合。作为一个共同的约定，一如我们共同的做事风格，在接下来短短一个月的时间内，我们共同商定写作提纲，安排访谈计划，实施访谈计划，一切工作在暑假之前全部完成。其间，钱校长放下手头的大量工作，全力配合此项研究工作。四位研究生利用暑假分工合作，将采访录音全部录入完成，并形成了初步的写作提纲。完成后的初稿交由钱校长做最后的审读，并对其中涉及的敏感性问题加以处理。最后，由我全面审阅书稿，对语言文字也做了进一步精练，以增加可读性。同时尽可能保持了口述史语意的连贯性、情境性和口语化的表述风格，以及钱校长个人的语言风格，希望给读者留下更多的思考空间和对话空间。

　　通读全书，仍能为钱校长的改革勇气和胆识，在民办学校生存发展过程中遇到的诸多现实问题面前表现出的教育实践智慧，以及披肝沥胆的勇者形象所折服。众所周知，改革即利益的再分配，而一旦涉及利益问题和个人得失问题，谁可以做到大无畏地勇往直前？正所谓无私者无畏，唯有胸怀坦荡、光明磊落，为了民族未来而非个人所属集团利益的人才可以为之。读完最后一页，仍能为钱校长的教育激情与理性思考所感染。有人说，读理论性的文章也可以让人激情澎湃，现在我是体会到了。而从校长生活史角度探索学校的变革史，无疑是一个有益的研究尝试。当然，书中还有很多不够完善的地方，如为了保持口述史的情境性和完整性，对口述史理论分析的成分较少，这也是在写作过程中感到困惑的地方。恳请同行专家予以批评指正。

最后，对参与此项研究的钱铁锋校长，南京师范大学教育科学学院2012级硕士研究生陆文静、李蒙、李静、王桂芝同学，以及南外仙林分校教科室黎鹤龄主任以及提供各方面资料的相关人员表示感谢！

这本书历经波折，最后能够得以面市，离不开教育科学出版社刘灿主任、池春燕编辑的共同努力，也是对民办学校十年改革历程的历史见证。

齐学红

写于南京师范大学随园校区

2019年12月30日

出版人　李　东
责任编辑　池春燕
版式设计　博祥图文　郝晓红
责任校对　张晓雯
责任印制　叶小峰

图书在版编目（CIP）数据

变革学校：一位中学校长的口述史 / 钱铁锋口述；
齐学红访谈整理. —北京：教育科学出版社，2020.7（2023.9重印）
　ISBN 978-7-5191-2156-3

　Ⅰ. ①变… 　Ⅱ. ①钱… 　②齐… 　Ⅲ. ①中学—校长—
学校管理—研究 　Ⅳ. ①G637.1

　中国版本图书馆CIP数据核字（2020）第101317号

变革学校——一位中学校长的口述史
BIANGE XUEXIAO——YI WEI ZHONGXUE XIAOZHANG DE KOUSHUSHI

出版发行	教育科学出版社		
社　　址	北京·朝阳区安慧北里安园甲9号	邮　编	100101
总编室电话	010-64981290	编辑部电话	010-64989441
出版部电话	010-64989487	市场部电话	010-64989009
传　　真	010-64891796	网　址	http://www.esph.com.cn
经　　销	各地新华书店		
制　　作	北京博祥图文设计中心		
印　　刷	保定市中画美凯印刷有限公司		
开　　本	720毫米×1020毫米　1/16	版　次	2020年7月第1版
印　　张	12.25	印　次	2023年9月第4次印刷
字　　数	181千	定　价	39.80元